New Edition

한국인의 강점을 최대로 이용한 일본어 요점공식

일본어문법책

저자 김사경

시사일본어사

머리말

〈일본어 문법책〉 독자 여러분! 안녕하세요?

여러분의 사랑에 힘입어 개정판을 내게 되었습니다. '일본어' 라는 새로운 세계에 한발을 성큼 들여 놓은 여러분과 함께 일본어를 잘하려면 어떻게 해야 할지 같이 고민하고 같이 나아가려고 합니다.

여러분은 언제부터 일본어를 공부하기 시작했나요? 일본어를 잘하는 방법은 무엇일까요?

일본어는 우리말과 비슷하여 공부하기 쉽다고들 해서 가벼운 마음으로 시작하는 분들이 많습니다. 그런데 막상 공부를 시작한 많은 사람들이 힘들어 하고 중도에 포기해 버리는 이유는 무엇일까요? 일본어는 결국 외국어이고 우리말과 다른 점도 많다는 점을 간과하기 때문이 아닐까요? 일본어를 배우는데 있어 정말 다행스러운 것은 우리말과 너무 유사하기 때문에 일본어의 기본적인 개념과 규칙을 착실히 익혀나간다면 일본어 실력은 놀라울 정도로 높아질 것입니다. 규칙에 해당하는 문법을 외우려고 하기 보다는 그 개념을 이해하고 다양한 예문을 통해 자꾸 따라하는 연습을 통해 익히는 것이 가장 좋은 것 같습니다.

이 책이 기존의 문법책과 가장 대비되는 점은 우리가 가진 장점을 최대한 잘 살려 가능하면 쉽게 일본어를 배울 수 있도록 하는 독창적인 시도를 하였다는 점입니다.

1. 불행한 과거로 인해 우리말에 남아 있는 하지만 귀에 익숙한 일본어를 외면하기 보다는 우리말에서 잘못 쓰이고 있는 점을 지적하고 실제 일본어에서 사용하는 예를 본문에 실어 조금이라도 쉽게 일본어를 접할 수 있게 했습니다.
2. 우리말과 일본어의 유사점과 차이점을 비교, 설명함으로써 쉽게 이해하고, 머릿속에 남을 수 있도록 만들었습니다.
3. 일본 초등학교 교과서에 실린 자주 사용되는 한자를 엄선하여 단원마다 소개하여 일본어를 배우는데 있어 가장 어렵다고 하는 한자 익히기를 조금이나마 쉽게 할 수 있도록 했습니다.
4. 가타카나의 경우, 특별히 시간을 할애하여 외울 필요 없이 영어가 병기된 본문의 많은 예문을 통해 자연스럽게 익힐 수 있게 하였습니다. 일본 잡지나 특히 인터넷을 이용하다보면 가타카나를 많이 접하게 되는데 이때 많은 도움이 될 것입니다.

일본어를 배우려는 여러분들이 조금이나마 쉽게 일본어를 다가갈 수 있는데 도움이 되었으면 하는 바램입니다. 끝으로 개정판이 나오기까지 도움을 주신 모든 분들께 감사드립니다.

자, 그럼 〈일본어 문법책〉의 세계로 여행을 떠나 볼까요?

김사경

sakyung@gmail.com

차례

문자와 발음   7p

1 명사 I   23p
- 01 명사문의 긍정형과 의문형
- 02 명사문의 부정형
- 03 명사문의 연결형
- 04 명사문의 과거형과 과거부정형
- 실력체크

2 명사 II   33p
- 01 명사의 수식형 「の」
- 02 형식명사 「の」
- 03 지시대명사, 지시형용사
- 04 다양한 호칭
- 실력체크

3 조사   45p
- 01 주격 조사와 목적격 조사
- 02 장소를 나타내는 조사
- 03 「で」와 「に」의 다른 쓰임새
- 04 나열조사
- 05 종조사
- 실력체크

4 い형용사   57p
- 01 い형용사문의 긍정형과 부정형
- 02 い형용사문의 연결형
- 03 い형용사문의 과거형과 과거부정형
- 04 い형용사의 수식형
- 05 い형용사의 부사형
- 06 い형용사의 명사형
- 실력체크

5 な형용사   69p
- 01 な형용사문의 긍정형과 부정형
- 02 な형용사문의 연결형
- 03 な형용사문의 과거형과 과거부정형
- 04 な형용사의 수식형
- 05 な형용사의 부사형
- 06 な형용사의 명사형
- 실력체크

6 동사 I   81p
- 01 동사의 종류
- 02 동사문의 의문형과 긍정형과 부정형
- 03 동사문의 과거형과 과거부정형
- 실력체크

7 동사 II   93p
- 01 동사문의 부정형
- 02 동사문의 연결형(て형)
- 03 동사문의 과거형(た형)
- 03 동사의 수식형
- 실력체크

8 동사 III   105p
- 01 ます형을 사용한 표현
  ませんか/ましょうか/ましょう/たいです/やすいです/にくいです/そうです/なさい/始めました/続けました/終わりました/ながら/すぎました/に/方
- 02 ない형을 사용한 표현
  ないで ください/なくても いいです/なければ なりません
- 03 た형을 사용한 표현
  ことが あります/方が いいです/たり たり しました/ばかりです
- 실력체크

9 동사 IV   123p
- 01 て형을 사용한 표현
  て います/て あります/て みます/て お

きました/て ください/て くださいません
か/ても いいです/ては いけません/て ほ
しいです/て しまいました/て から
02 동사의 기본형을 사용한 표현
　　ことが できます/前に
03 동사의 종지형을 사용한 표현
　　ことに なりました/ことに しました/つも
　　りです/そうです/ようです・みたいです/
　　らしいです/と 思います
04 동사의 의지형을 사용한 표현
　　と しました/と 思ってます
　　🗨 실력체크

10 보통체　　　　　　　　　　　　145p
01 명사문의 보통체
02 な형용사문의 보통체
03 い형용사문의 보통체
04 동사문의 보통체
　　🗨 실력체크

11 숫자　　　　　　　　　　　　　155p
01 숫자세기 1~10
02 숫자세기 11~100
03 시간 말하기
04 가격 말하기
05 개수 세기
06 날짜 말하기
　　🗨 실력체크

12 가능표현　　　　　　　　　　　169p
01 가능표현 1형(활용형)
02 가능표현 2형(ことができます)
　　🗨 실력체크

13 수수표현　　　　　　　　　　　177p
01 주다(あげる/さしあげる/やる)
02 주다(くれる/くださる)

03 받다(もらう/いただく)
04 ~해 주다(て あげる/て くれる)
　　~해 받다(て もらう)
　　🗨 실력체크

14 수동표현　　　　　　　　　　　187p
01 피해자가 있는 수동문
02 피해자가 없는 수동문
　　🗨 실력체크

15 사역표현　　　　　　　　　　　195p
01 사역문
02 허락을 구하는 사역표현
03 사역수동문
　　🗨 실력체크

16 연결표현　　　　　　　　　　　205p
01 나열표현「て」
02 원인・이유표현「から・ので・て」
03 역접표현「が・のに・ても」
　　🗨 실력체크

17 조건표현　　　　　　　　　　　217p
01 조건 표현「と」
02 조건 표현「たら」
03 조건 표현「なら」
04 조건 표현「ば」
　　🗨 실력체크

18 경어표현　　　　　　　　　　　227p
01 경어표현 3가지(정중어/존경어/겸양어)
02 존경표현
03 겸양표현
　　🗨 실력체크

해답　　　　　　　　　　　　　　239p

일러두기

각 과의 핵심문장을 뽑아 놓아 한눈에 학습내용을 파악할 수 있게 하였다.
1~5단원까지는 초보 학습자의 편의를 위해 일본어를 히라가나로만 표기하였다. 그리고 일본어는 띄어쓰기가 없지만 띄어쓰기를 해 두었다
6단원부터는 한자가 있는 것은 한자를 쓰고 위에 독음(후리가나)을 달아 두었다.

 문법 설명 아래에는 실제로 문장에서 어떻게 쓰이는지 그 예문을 실어 놓았다.

꼼꼼체크 ✓ 각 문법 사항마다 꼼꼼체크를 두어, 간단히 정리하는 자리를 마련했다.

 틀리기 쉬운 표현이나 일본 문화에 대한 이해를 돕고자 ❗ 마크를 표시, 부가 설명을 실어 놓았다.

 비슷한 표현이지만 뉘앙스 등 쓰임새가 다른 것에는 ❓ 마크를 표시, 자세한 설명을 실어 놓았다.

 실력체크

각 문법 장마다 실력체크를 두어 제대로 문법을 익혔는지 확인할 수 있게 하였다.

 덤으로 배우는 한자

일본 초등학교 교과서에 실린 자주 사용되는 한자를 엄선하여 단원마다 소개하였다. 이렇게 문법과 함께 일본어 학습에서 어려워하는 한자를 조금씩 익혀 두는 것이 좋다.

문자와 발음

1. 히라가나(ひらがな)
2. 가타카나(カタカナ)
3. 한자(漢字)
4. 오십음도

01 문자-히라가나, 가타카나, 한자

일본어 한자 읽기

「海」를 우리는 어떻게 읽을까. 「바다」라고 읽는 사람도 있겠고, 「해」라고 읽는 사람도 있겠죠? 이와 같이 한자를 읽는 방법에는 한자의 뜻을 새겨서 읽는 훈독과 중국의 음을 소리나는 대로 읽는 음독이 있습니다. 일본어 한자 읽는 요령 그거 간단합니다. 일단 다른 한자와 함께 쓰이면 음독으로 읽고, 외자로 쓰이면 훈독으로 읽으세요. 간혹 예외도 있긴 하지만 아주 극소수거든요. 일본어의 음독은 우리의 발음과 비슷하니까 우리는 훈독만 외워두면 한자 읽기 문제는 해결되는 셈이죠.

예) 東海[とう　かい]
　　　↓
　　동해(음독＋음독)

　　海　[うみ]
　　↓　　　↓
　　바다(훈독)

일본어 글자는 히라가나, 가타카나, 한자로 되어 있습니다. '내 블로그에 놀러 와'는 「私のブログ(blog)にあそびにきてね」라고 합니다. 私는 한자, ブログ는 가타카나, 나머지는 히라가나죠. 이렇게 세가지를 섞어 씁니다. 자세히 들여다 볼까요?

우리에게 한글이 있다면 일본에는 히라가나가 있습니다. 다만, 우리 한글이 독창적인 글자라면, 일본의 히라가나는 한자의 초서체에서 따온 글자입니다. 「安 → 安 → あ」하는 식이죠.

그리고, 가타카나는 외래어나 광고, 간판 등 특별히 강조하고 싶은 부분이 있을 때 쓰는 글자입니다. 「加 → 加 → カ」처럼 한자 획의 일부를 따서 만든 글자인데 딱딱한 느낌이 납니다. 둥글 둥글한 히라가나와는 대조적이죠?

우리말과 일본어는 어순이 같을 뿐만 아니라 공통으로 쓰는 한자가 있어 배우기 쉽다고 합니다. 그런데, 일본어 한자는 '會 → 会' 하는 식으로 주로 약자를 쓰고, 名前(이름), 天気(날씨)와 같은 일본식 한자도 있기 때문에 주의해야 합니다.

그리고 한자를 읽을 때는 음독과 훈독이 있죠. 음독은 중국식 발음이고, 훈독은 한자의 뜻을 새겨서 읽는 순일본식 발음입니다. 예를 들어, 사람 인(人)을 음독으로 읽으면 「じん 또는 にん」이고, 훈독으로 읽으면 「ひと」가 됩니다. 가끔 한자에 따라서는 읽는 방식이 여러개라 어렵게 생각하는 경우도 있지만, 공통으로 쓰는 한자가 많아 다른 외국어에 비해 쉽게 배우는 편입니다.

그럼, 히라가나, 가타카나를 들여다 볼까요? 다음은 기본이 되는 오십음을 배열하여 나타낸 표입니다. '오십음도'라고 하며, 세로줄을 '행', 가로줄을 '단'이라고 합니다. 맨 오른쪽 세로줄 「あいうえお」가 기본이 되는 모음입니다. 아행하면 세로줄 「あいうえお」, 카행하면 「かきくけこ」, 사행하면 「さしすせそ」, 같은 자음을 가진 소리입니다. 그리고 아단은 가로줄 「あかさたなはまやらわ」이고, 같은 모음을 가진 소리입니다. 단과 행은 일본어를 공부하는데 필요한 용어입니다. 꼭 기억하고 넘어가세요.

가타카나를 쉽게 외우는 비결

가타카나 외우기 참 어렵죠? 우선, 일본 나리타 공항에 내리면 도쿄까지 빠른 교통편(特急)말고 느린 것(普通)을 타세요. 그리고, 동행한 사람과 잡담하지 말고 전광판을 주목하세요. 영어와 가타카나가 반복되며 다음역을 알려 주는데 관심만 기울이면 도쿄역 도착과 동시에 가타카나를 거의 외울 수 있습니다.

히라가나

									←단
ん	わ	ら	や	ま	は	な	た	さ	か	あ	↓행
	(い)	り	(い)	み	ひ	に	ち	し	き	い
	(う)	る	ゆ	む	ふ	ぬ	つ	す	く	う
	(え)	れ	(え)	め	へ	ね	て	せ	け	え
	を	ろ	よ	も	ほ	の	と	そ	こ	お

가타카나

ン	ワ	ラ	ヤ	マ	ハ	ナ	タ	サ	カ	ア
	(イ)	リ	(イ)	ミ	ヒ	ニ	チ	シ	キ	イ
	(ウ)	ル	ユ	ム	フ	ヌ	ツ	ス	ク	ウ
	(エ)	レ	(エ)	メ	ヘ	ネ	テ	セ	ケ	エ
	ヲ	ロ	ヨ	モ	ホ	ノ	ト	ソ	コ	オ

문자와 발음

01 발음

일본어 발음은 청음과 그 이외의 음으로 나눌 수 있습니다. 청음은 오십음도에서 ん을 제외한 모든 음을 말합니다.

청음	모음	あ행
	반모음	や, ゆ, よ, わ
	자음	か행, さ행, た행, な행, は행, ま행, ら행
청음 이외의 음	탁음	が행, ざ행, だ행, ば행
	반탁음	ぱ행
	요음	い단+ゃ, い단+ゅ, い단+ょ
	촉음	っ
	발음	ん
	장음	ー

1) 청음

①모음

일본어의 모음에는 「あ, い, う, え, お」 다섯 개가 있고, 우리말의 「아, 이, 우, 에, 오」처럼 발음합니다. 단, 「う」는 입술을 앞으로 내밀지 말고, 약간 옆으로 벌려 「으」에 가깝게 발음하죠. 우리의 「ㅓ, ㅐ」에 해당하는 모음은 없습니다. 우리와 같이 초성, 중성, 종성으로 되어 있지 않고 하나의 문자가 하나의 음에 대응합니다.

あ	い	う	え	お	ア	イ	ウ	エ	オ
[a]	[i]	[u]	[e]	[o]	[a]	[i]	[u]	[e]	[o]

あなご[anago] 아나고(붕장어)　アニメ(animation)[anime] 애니메이션
いぬ[inu] 개　　　　　　　　イメージ(image)[ime:zi] 이미지
うどん[udon] 우동　　　　　　ウルトラ(ultra)[urutora:] 울트라, 초(超)
えんこ[enko] 차가 고장나서 움직이지 못함
エンジョイ(enjoy)[emzyoi] 엔조이
おでん[oden] 어묵
オムライス(omulet rice)[omuraisu] 오므라이스

②반모음

반모음은 「や, ゆ, よ, わ」 네 개이며, 우리말의 「야, 유, 요, 와」처럼 발음합니다. 우리의 「ㅕ, ㅒ, ㅖ, ㅚ, ㅟ, ㅙ, ㅝ, ㅞ, ㅢ」에 해당하는 반모음은 없습니다.

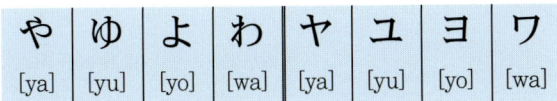

やきゅう[yakyu:] 야구　　　　ヤング(young)[yangu] 영, 젊은
ゆとり[yutori] 여유　　　　　ユニホーム(uniform)[yuniho:mu] 유니폼
ようい、どん[yo:i, don] 준비, 땅　ヨーヨー(yoyo)[yo:yo:] 요요
わさび[wasabi] 와사비　　　　ワンルーム(one room)[wanru:mu] 원룸

핵심문법

③자음

[か행]

か행의 자음은 우리말의 「ㅋ」과 「ㄲ」의 중간음에 가까운 음으로 우리나라 사람들이 어려워하는 발음 중 하나입니다. 단어의 첫머리에 올 때는 「ㅋ」 음을 약하게 발음하고, 단어의 중간 또는 끝에 올 때는 「ㄲ」쪽으로 발음합니다.

か	き	く	け	こ	カ	キ	ク	ケ	コ
[ka]	[ki]	[ku]	[ke]	[ko]	[ka]	[ki]	[ku]	[ke]	[ko]

かた[kata] 어깨
きず[kizu] 상처
くせ[kuse] 버릇
けいたい[keitai] 휴대폰
こぶん[kobun] 부하

カメラ(camera)[kamera] 카메라
キス(kiss)[kisu] 키스
クック(cook)[kyukku] 요리
ゲーム(game)[ge:mu] 게임
ココア(cocoa)[kokoa] 코코아

[さ행]

さ행의 자음은 우리말의 「ㅅ」처럼 발음합니다.

さ	し	す	せ	そ	サ	シ	ス	セ	ソ
[sa]	[shi]	[su]	[se]	[so]	[sa]	[shi]	[su]	[se]	[so]

さくら[sakura] 벚꽃
しょうぶ[syo:bu] 승부
すし[sushi] 스시, 초밥
せんべい[senbe:] 전병
そでなし[sodenashi] 민소매

サラダ(salad)[sarada] 샐러드
シリーズ(series)[shiri:zu] 시리즈
システム(system)[shisutemu] 시스템
センター(center)[senta:] 센터
ソフト(soft)[sohuto] 소프트

[た행]

「た」「て」「と」의 자음은 우리말의 「ㅌ」과 「ㄸ」의 중간음에 가깝고, 이 음 또한 우리나라 사람이 어려워하는 발음입니다. 단어의 첫머리에 올 때는 「ㅌ」음을 약하게 발음하고, 단어의 중간 또는 끝에 올 때는 「ㄸ」쪽으로 발음합니다.

「ち」는 우리말의 「치」와 「찌」의 중간음에 가깝고, 「つ」는 혀 끝을 윗잇몸에 단단히 붙인 채 마찰시키는 소리로, 「츠」와 「쯔」의 중간음에 가까운 발음입니다. 어렵게 느껴진다면 아쉬운 대로 「쯔」라고 발음하세요.

た	ち	つ	て	と	タ	チ	ツ	テ	ト
[ta]	[chi]	[tsu]	[te]	[to]	[ta]	[chi]	[tsu]	[te]	[to]

たくあん[takuan] 단무지
ちらし[chirasi] 광고지
つきだし[tsukidasi] 기본안주
てんぷら[tempura] 튀김
とんカツ[tonkatsu] 돈까스

タレント(talent)[tarento] 탤런트
チーム(team)[chi:mu] 팀
ツイン(twin)[tsuin] 트윈
テニス(tennis)[tenisu] 테니스
トップ(top)[toppu] 톱

[な행]

な행의 자음은 우리말의 「ㄴ」처럼 발음합니다.

な	に	ぬ	ね	の	ナ	ニ	ヌ	ネ	ノ
[na]	[ni]	[nu]	[ne]	[no]	[na]	[ni]	[nu]	[ne]	[no]

ならび[narabi] 늘어선 모양
にんじん[ninzin] 당근
ねこ[neko] 고양이
ぬるぬる[nurunuru] 미끈미끈
のりまき[norimaki] 김초밥

ナイロン(nylon)[nairon] 나일론
ニュース(news)[nyu:su] 뉴스
ヌード(nude)[nu:do] 누드
ネオンサイン(neonsign)[neonsain] 네온사인
ノック(knock)[nokku] 노크

문자와 발음

콕콕 핵심문법

[は행]

は행의 자음은 우리말의 「ㅎ」처럼 발음합니다. 단, 「ふ」는 입술사이로 나오는 마찰음으로, 촛불을 끌 때 입모양으로 「흐」하고 발음합니다.

は	ひ	ふ	へ	ほ	ハ	ヒ	フ	ヘ	ホ
[ha]	[hi]	[hu]	[he]	[ho]	[ha]	[hi]	[hu]	[he]	[ho]

はこ[hako] 상자
ひやし[hiyashi] 차게 함
ふえ[hue] 피리
へそ[heso] 배꼽
ほし[hoshi] 별

ハート(heart)[ha:to] 하트
ヒーター(heater)[hi:ta:] 히터
フード(food)[hu:do] 푸드
ヘア(hair)[hea] 헤어
ホープ(hope)[ho:pu] 호프

[ま행]

ま행의 자음은 우리말의 「ㅁ」처럼 발음합니다.

ま	み	む	め	も	マ	ミ	ム	メ	モ
[ma]	[mi]	[mu]	[me]	[mo]	[ma]	[mi]	[mu]	[me]	[mo]

まんタン[mantan] 가득 채움
たたみ[tatami] 다다미
むてっぽう[muteppo:] 무모함
め[me] 눈
もんぺ[mompe] 몸빼바지

ママ[mama] 마마, 엄마
ミス(miss)[misu] 미스
ムービー(movie)[mu:bi:] 무비
メーカー(maker)[me:ka:] 메이커
モデル(model)[moderu] 모델

[ら행]

ら행의 자음은 우리말의 「ㄹ」처럼 발음합니다.

ら	り	る	れ	ろ	ラ	リ	ル	レ	ロ
[ra]	[ri]	[ru]	[re]	[ro]	[ra]	[ri]	[ru]	[re]	[ro]

うら[ura] 안감   ランニング[ranningu] 런닝
とり[tori] 새   リアカー[riaka:] 리어커
さる[saru] 원숭이   ルール(rule)[ru:ru] 룰
れいがい[reigai] 예외   レモン(lemon)[remon] 레몬
くろ[kuro] 검정   ロマンス(romance)[romansu] 로맨스

2) 청음 이외의 음

①탁음

탁음은 청음 「か, さ, た, は」행의 오른쪽 위에 탁점 (゛)을 붙인 음입니다.

[が행]

우리말의 「가, 기, 그, 게, 고」와 비슷하지만, 성대를 울려서 내는 발음입니다. 「아가」를 발음할 때 「가」는 성대를 울려서 발음하지만 「가게」의 「가」는 성대를 울리지 않고 발음합니다. 이처럼 우리말은 단어의 중간에 오는 「가, 기, 그, 게, 고」는 자연스럽게 성대를 울립니다. 그런데 일본어는 단어의 첫머리에 올 때도 성대를 울려 발음하므로 우리가 의식적으로 성대를 울려야 비슷한 발음이 되는거죠. 또, 단어의 중간이나, 끝에 올 때는 콧소리 「ŋ(ㅇ)」에 가깝게 발음하기도 합니다.

が	ぎ	ぐ	げ	ご	ガ	ギ	グ	ゲ	ゴ
[ga]	[gi]	[gu]	[ge]	[go]	[ga]	[gi]	[gu]	[ge]	[go]

がら[gara] 무늬   ガール(girl)[ga:ru] 걸
うわぎ[uwagi] 웃도리   ギター(guitar)[gita:] 기타
ぐんたい[guntai] 군대   グループ(group)[guru:pu] 그룹
げんかん[genkan] 현관   ゲーム(game)[ge:mu] 게임
ごまかし[gomakashi] 속임수   ゴール(goal)[go:ru] 골

콕콕 핵심문법

[ざ행]

우리말의 「자, 지, 즈, 제, 조」와 비슷하지만, 성대를 울려서 내는 발음입니다.

ざ	じ	ず	ぜ	ぞ	ザ	ジ	ズ	ゼ	ゾ
[za]	[zi]	[zu]	[ze]	[zo]	[za]	[zi]	[zu]	[ze]	[zo]

ざる[zaru] 소쿠리 　ビザ(visa)[biza] 비자
きじ[kizi] 옷감 　オリジナル(original)[orizinaru] 오리지널
きず[kizu] 상처 　チーズ(cheese)[chi:zu] 치즈
かぜ[kaze] 감기 　ゼロ(zero)[zero] 제로
ぞう[zo:] 코끼리 　メゾ(mezzo)[mezo] 메조

[だ행]

우리말의 「다, 지, 즈, 데, 도」와 비슷하지만, 성대를 울려서 내는 발음입니다. 「ぢ」「づ」는 「じ」「ず」와 발음이 같습니다.

だ	ぢ	づ	で	ど	ダ	ヂ	ヅ	デ	ド
[da]	[zi]	[zu]	[de]	[do]	[da]	[zi]	[zu]	[de]	[do]

だし[dashi] 우려낸 국물 　ソーダ(soda)[so:da] 소다
はなぢ[hanazi] 코피 　つづける[tsuzukeru] 계속하다
ハンディーキャップ(handicap)[handi:kyappu] 핸디캡
でんき[denki] 전기 　データ(data)[de:ta] 데이터
どんぶり[domburi] 덮밥 　ドラマ(drama)[dorama] 드라마

[ば행]

우리말의 「바, 비, 브, 베, 보」와 비슷하지만, 성대를 울려서 내는 발음이다.

ば	び	ぶ	べ	ぼ	バ	ビ	ブ	ベ	ボ
[ba]	[bi]	[bu]	[be]	[bo]	[ba]	[bi]	[bu]	[be]	[bo]

ばあさん[ba:san] 할머니
びん[bin] 병
おやぶん[oyabun] 두목, 우두머리
べんとう[bento:] 도시락
おぼん[obon] 쟁반

バランス(balance)[baransu] 밸런스
ビニール(vinyl)[bini:ru] 비닐
ブルース(blues)[buru:su] 블루스
ベンチ(bench)[benchi] 벤치
ボリューム(volume)[boryu:mu] 볼륨

② 반탁음

반탁음은 「は」행의 오른쪽 위에 반탁점(˚)을 붙여 나타낸 음입니다.

[ぱ행]

ぱ행의 자음은 우리말의 「ㅍ」과 「ㅃ」의 중간음에 가깝게 발음합니다.

ぱ	ぴ	ぷ	ぺ	ぽ	パ	ピ	プ	ペ	ポ
[pa]	[pi]	[pu]	[pe]	[po]	[pa]	[pi]	[pu]	[pe]	[po]

はっぱ[happa] 잎
ぴかぴか[pikapika] 반짝반짝
プライド(pride)[puraido] 프라이드
スポーツ(sports)[supo:tsu] 스포츠

パンク(puncture)[panku] 펑크
ピン(pin)[pin] 핀
ペン(pen)[pen] 펜

③요음
요음은 각 자음의 「い」단(き, ぎ, し, じ, ち, に, ひ, び, ぴ, み, り)에 반모음 「や, ゆ, よ」를 작게 써서 앞 글자와 더불어 한음절로 발음하는 글자입니다.

きゃ[kya]	ぎゃ[gya]	しゃ[sya]	じゃ[ja]	ちゃ[cya]	にゃ[nya]	ひゃ[hya]	びゃ[bya]	ぴゃ[pya]	みゃ[mya]	りゃ[rya]
きゅ[kyu]	ぎゅ[gyu]	しゅ[syu]	じゅ[ju]	ちゅ[cyu]	にゅ[nyu]	ひゅ[hyu]	びゅ[byu]	ぴゅ[pyu]	みゅ[myu]	りゅ[ryu]
きょ[kyo]	ぎょ[gyo]	しょ[syo]	じょ[jo]	ちょ[cyo]	にょ[nyo]	ひょ[hyo]	びょ[byo]	ぴょ[pyo]	みょ[myo]	りょ[ryo]

きゃく[kyaku] 손님
しゃしん[syasin] 사진
ちゅうごく[cyu:goku] 중국
りょうり[ryo:ri] 요리
ひゃく[hyaku] 백

キャリア(career)[kyaria] 캐리어
アクション(action)[akusyon] 액션
ニュース(news)[nyu:su] 뉴스
ミュージック(music)[myu:zikku] 뮤직

④촉음
촉음은 「っ」를 다른 글자 뒤에 ½크기로 작게 써서 우리말 받침 「ㅅ」처럼 소리내는 음입니다. 한박자(손뼉을 한 번 탁 친 길이)로 발음하며, 뒤에 오는 음에 따라 발음이 달라지는 것이 특징입니다. 우리나라 사람들이 촉음을 발음하면 혀 짧은 소리로 들린다고 합니다. 예를 들어 「いってきます(다녀오겠습니다)」라고 해야 할 것을 촉음 길이를 의식하지 않고 말하면 「いてきます(?)」해 버리기 일쑤라죠? 그리고, 「っ」 발음의 변화는 어디까지나 발음을 편하게 하기 위해서니까 어느 경우 어느 발음을 해야 하는지 시시콜콜 신경쓰지 않아도 됩니다.

1) 뒤에 오는 음이 「か」행이면 「ㄱ」으로 발음합니다.
    いっかい[ikkai] 일층   がっこう[gakko:] 학교
    (4박자)   (4박자)

2) 뒤에 오는 음이 「さ」행이면 「ㅅ」으로 발음합니다.
    あっさり[assari] 산뜻함, 시원함   けっせき[kesseki] 결석
    (4박자)   (4박자)

3) 뒤에 오는 음이 「た」행이면 「ㄷ」으로 발음합니다.
    きって[kitte] 우표   いったい[ittai] 도대체
    (3박자)   (4박자)

4) 뒤에 오는 음이 「ぱ」행이면 「ㅂ」으로 발음합니다.
    いっぱい[ippai] 가득찬 모습, 한잔   しっぷ[sippu] 찜질
    (4박자)   (3박자)

⑤ 발음

우리말 받침 「ㅇ」처럼 다른 글자 뒤에서 받침으로 쓰이는 음입니다. 우리와 달리 한박자로 발음하며, 뒤에 오는 음에 따라 발음이 달라집니다. 촉음처럼 「ん」의 발음의 변화도 자연스러운 것이기 때문에 굳이 신경쓰지 않아도 됩니다.

1) 뒤에 오는 음이 「ま, ば, ぱ」행이면 「ㅁ」으로 발음합니다.
    ちゃんぽん[cyampon] 짬뽕   せんもん[semmon] 전문
    (4박자)   (4박자)

2) 뒤에 오는 음이 「さ, ざ, た, だ, な, ら」행이면 「ㄴ」으로 발음합니다.
    こんじょう[konjo:] 근성   インド(India)[indo] 인도
    (4박자)   (3박자)

 핵심문법

3) 뒤에 오는 음이 「か, が」행이면 「ㅇ」으로 발음합니다

　　おんがく[ongaku] 음악　　　あんこ[anko] 팥
　　(4박자)　　　　　　　　　　(3박자)

4) 뒤에 오는 음이 「모음, 반모음」이거나 「ん」으로 끝나면 「콧소리 ㅇ」으로 발음합니다

　　ざぶとん[zabuton] 방석　　　こん[kon] 감색
　　(4박자)　　　　　　　　　　(2박자)

⑥ 장음

일본어에는 단음과 장음의 구별이 있습니다. 「あ」단 뒤에 「あ」, 「い」단 뒤에 「い」, 「う」단 뒤에 「う」, 「え」단 뒤에 「え, い」, 「お」단 뒤에 「お, う」가 오면 길게 발음합니다. 장음은 어려운 발음이 아니지만 장단음에 따라 뜻이 달라지기도 하므로 정확한 길이로 발음하지 않으면 뜻이 통하지 않을 수 있습니다. 가타카나의 장음은 「ー」으로 나타냅니다.

おばさん[obasan] 아줌마　　　おばあさん[oba:san] 할머니
おじさん[ozisan] 아저씨　　　おじいさん[ozi:san] 할아버지
くき[kuki] 줄기　　　　　　　くうき[ku:ki] 공기
へや[heya] 방　　　　　　　　へいや[he:ya] 평야
よじ[yozi] 4시　　　　　　　　ようじ[yo:zi] 볼일
ストーリー(story)[suto:ri:] 이야기　　プレイヤー(player)[pureiya:] 플레이어

실력체크

1 다음에 주어진 어휘를 찾아 연결해 보세요.

おでん 〈보기〉

- たくあん
- ふえ
- ちらし
- どんぶり
- いっぱい
- ぴかぴか
- ざぶとん
- まんじゅう

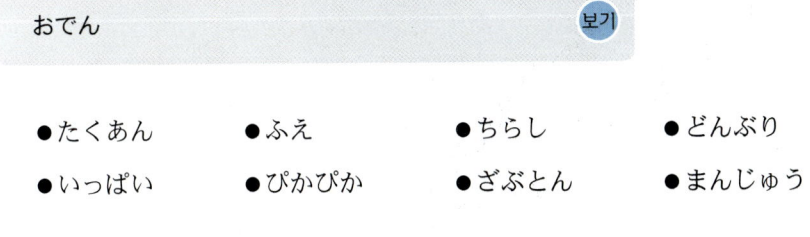

2 다음에 주어진 어휘를 찾아 연결해 보세요

ソフト 〈보기〉

- メーカー
- リモコン
- タレント
- コンピューター
- ゲーム
- グループ
- パンク
- オムライス

```
ソ ホ ー グ ル ー プ コ ゲ パ
ラ ナ ヤ ス レ ミ ボ ン ン ム
オ ト セ ン ベ イ シ ピ ス テ
コ ム タ レ ン ト ゲ ュ ウ ー
モ ー ラ オ パ フ カ ー タ エ
リ カ ゲ イ ク ン パ タ ソ ス
メ ー ブ ル ス ビ ギ ー フ ジ
ム メ ド リ モ コ ン タ ト セ
ミ ウ チ ヨ ー ン マ ヌ オ ニ
```

3 보기와 같이 우리말에 해당하는 올바른 일본어를 골라 보세요

크레용　❶ クレヨン　② クレーヨン　③ クーレヨン

1) 기본안주　　① つきだし　　② ずきだし　　③ すきたし
2) 그룹　　　　① グールプ　　② グルプ　　　③ グルプ
3) 오리지널　　① オリジナル　② オリジナール　③ オリジーナール
4) 요리　　　　① りより　　　② りょうり　　③ りより
5) 샐러드　　　① サラダ　　　② サラダー　　③ サラーダー
6) 메이커, 업체 ① メカー　　　② メイカ　　　③ メーカー

1 名詞 I

명사 +
- です ～입니다
- ですか ～입니까?
- では ありません／じゃ ないです ～이(가) 아닙니다
- で、 ～이고,
- でした ～였습니다
- では ありませんでした／じゃ なかったです ～이(가) 아니었습니다

핵심문법

01 명사문의 긍정형과 의문형

こんにちは、김슬기です。
안녕하세요, 김슬기입니다.

がくせいですか。
학생이에요?

시간에 따라 인사말이 달라요

우리말은 '안녕하세요' 하나면 되지만, 일본어에서는 영어처럼 시간에 따라 인사말이 달라요. 아침에는 「おはようございます(안녕하세요)/おはよう(안녕)」 낮에는 「こんにちは(안녕하세요, 안녕)」 저녁에는 「こんばんは(안녕하세요, 안녕)」이라고 하죠. 그리고 아침인사에는 반말이 따로 있지만, 낮이나 저녁 인사는 이런 구분이 없어요. 그리고, こんにちは에서 「は」, こんばんは에서 「は」는 'wa(와)'로 발음하니까 주의하세요. 「は」가 조사로 쓰였기 때문이에요.

'김슬기입니다, 가수에요'라고 하려면, 명사 뒤에 '~입니다, ~이에요'에 해당하는 「~です」를 붙입니다. 그런데, 우리말에서 '~입니다'는 주로 격식을 차린 말씨에, '~이에요'는 친근감이 느껴지는 부드러운 말씨에 쓰이죠? 일본어는 이런 구분 없이 「~です」 하나면 됩니다.

그리고 '학생입니까? 학생이에요?' 같은 의문표현은 문장 끝에 「か」를 붙이고 끝을 올립니다. 일반적으로 일본어에서는 물음표는 쓰지 않아요. 대신 문장을 끝맺을 때는 마침표 「。」를 붙이는데, 우리처럼 점을 찍지 않고 동그라미를 작게 그려 넣습니다.

▶ はじめまして。きむらです。　처음 뵙겠습니다. 기무라**입니다**.
▶ かしゅです。　가수**입니다**.
▶ かんこくじんですか。　한국사람**이에요?**

꼼꼼체크 ✓　명사문의 긍정형과 의문형

긍정형	의문형
~です	~ですか
~입니다/~이에요	~입니까?/~이에요?

02 명사문의 부정형

がくせいでは　ありません。
학생(이) 아니에요.

'학생이 아닙니다', '라면이 아니에요' 같은 부정표현을 하려면, 명사 뒤에 '~이 아닙니다, ~이 아니에요'에 해당하는 「~ではありません」을 붙이면 됩니다.

그런데 では는 「じゃ」로, ありません은 「ないです」로 바꿔 쓸 수 있어요. '학생 아니에요'는 「がくせいでは　ありません」해도 되고 「がくせいじゃ　ないです」해도 되는 거죠. 「では　ありません=じゃないです」라고 생각하면 되겠죠? 그리고, 이들을 서로 바꿔서 「じゃ　ありません」, 「では　ないです」하기도 해요.

▶ コーラ (cola) ですか。　　　　　콜라입니까?
　 コーラ (cola) では　ありません。　콜라(가) 아니에요.
　 コーヒー(coffee)です。　　　　커피예요.
▶ ラーメンですか。　　　　　　　라면입니까?
　 ラーメンじゃ　ないです。　　　라면(이) 아니에요.
　 ちゃんぽんです。　　　　　　　짬뽕이에요.

일본 라면 좋아하세요?

라면하면 인스턴트 라면을 떠올리는 우리와 달리, 일본 사람들은 생면과 육수를 즐겨요. 일본에도 인스턴트 라면이 없는 것은 아니지만, 전통 생라면 집에 열광하죠. 소문난 맛집은 2, 30미터 줄서는 것은 보통이고, 손님이 몰리는 시간대는 30분내지 한 시간 정도는 각오해야 먹을 수 있어요. 라면 맛은 육수와 면발, 고명에 따라 다르긴 하지만, 일반적으로 소, 돼지, 닭 뼈를 고아낸 진한 육수에 숙주, 죽순, 미역, 해산물 같은 고명을 푸짐하게 얹어요. 미소 라멘, 쇼유 라멘, 시오 라멘……. 그 가짓수는 헤아릴 수도 없이 많지만, 역시 대표 주자는 고소한 일본 된장 맛의 미소 라멘과 담백한 간장 맛의 쇼유 라멘이랍니다.

꼼꼼체크 ✓ 명사문의 긍정형과 부정형

긍정형	부정형
~です ~입니다/~이에요	~では　ありません ~じゃ　ないです ~이 아닙니다/~이 아니에요

1. 명사 I　25

03 명사문의 연결형

これは たくあんで、 それは ちゃんぽんです。

이건 단무지이고, 그건 짬뽕이에요.

'다꽝'과 '짬뽕'은 일본어에요

우리가 즐겨 쓰는 '다꽝'과 '짬뽕'이 일본어란 사실, 알고 있나요? '택암'이라는 스님이 전쟁으로 먹을 것이 없는 백성을 위해 반찬으로 짠지를 만들었어요. 그 스님이름을 따서 일본사람들이「たくあん」이라고 붙인 거죠.

그리고 '짬뽕'은 일본이 처음으로 개항한 큐슈 나가사키(長崎) 지방에서 비롯되었는데, 당시 나가사키에는 중국의 가난한 노동자와 유학생들이 많았대요. 돈이 없는 이들을 위해 값싼 돼지와 닭뼈를 넣고 고아낸 육수에 면과 해산물, 야채를 푸짐하게 넣어 내놓은 음식이었죠. 그래서인지 지금도 일본사람들은 짬뽕하면 나가사키 짬뽕을 먼저 떠올려요. 그런데 일본식 짬뽕은 육수를 그대로 우려낸 맛이라 얼큰한 맛에 길들여진 우리가 먹어보면 실망한다죠?!

명사가 서술어로 쓰인 두 문장은 어떻게 연결할까요?
「これはたくあんで、それはちゃんぽんです(이건 단무지이고, 그건 짬뽕이에요)」는「これはたくあんです(이것은 단무지입니다)」와「それはちゃんぽんです(그것은 짬뽕입니다)」의 두 문장을 하나로 연결한 거에요. 두 문장을 연결하려면「～で(~이고)」를 명사 뒤에 붙이면 됩니다. 즉, 「これはたくあんです+それはちゃんぽんです=これはたくあんで、それはちゃんぽんです」가 됩니다.

➤ これは ひらがなで、それは カタカナです。
　　　　　　　　　　이건 히라가나이고, 그건 가타카나예요.
➤ なまえは はなこさんで、29さいです。
　 にほんじんで、どくしんです。
　　　　　　　　　　이름은 하나코 씨이고 29살입니다. 일본사람이고, 독신입니다.
➤ きむらさんは わたしの ともだちで、はいゆうです。
　　　　　　　　　　기무라 씨는 내 친구이고, 배우입니다.

꼼꼼체크 ✓ 명사문의 서술형과 연결형

서술형	연결형
～です	～で、
～입니다 / ～이에요	～이고,

04 명사문의 과거형과 과거부정형

てんぷらでしたか。
뎬뿌라였어요?

てんぷらでは ありませんでした。
뎬뿌라가 아니었습니다

일본어에서 과거시제를 결정짓는 요소는 「〜た(〜았, 었, 였)」에 있습니다. '뎬뿌라였습니다' 같은 과거표현은 명사 뒤에 '〜였습니다'에 해당하는「〜でした」를 붙여요. 〜でした는 〜です에 〜た를 붙인 형태죠. 그리고, '뎬뿌라가 아니었습니다' 같은 과거부정표현은 '〜이 아니었습니다'에 해당하는「〜では ありませんでした」를 붙입니다. 〜ではありませんでした도 〜ではありません에 〜た를 붙인 형태죠. 그런데, 〜ではありませんでした는「〜じゃなかったです」로 바꿔 쓸 수 있어요. 「ではありません=じゃないです」와 같은 원리에요. 〜じゃなかったです는 〜じゃないです에 〜た를 붙인 형태입니다. 아래 꼼꼼체크에서 다시 한 번 정리하세요.

▶ ともだちじゃ なかったですか。　　친구(가) 아니었어요?
　 いいえ、ともだちでした。　　　　아뇨, 친구였습니다.
▶ じしんでしたか。　　　　　　　　지진이었어요?
　 はい、じしんでした。　　　　　　네, 지진이었어요.

꼼꼼체크 ✓ 명사문의 시제표현

	현재	과거
긍정형	〜です 〜입니다	〜でした 〜였습니다
부정형	〜では ありません 〜じゃ ないです 〜이 아닙니다	〜では ありませんでした 〜じゃ なかったです 〜이 아니었습니다

뎬뿌라는 어묵이 아니라 '튀김' 입니다

우리가 어묵으로 잘못 알고 있는 뎬뿌라(てんぷら)! 실은 일본음식을 대표하는 유명한 튀김요리예요. 뎬뿌라의 원조는 포르투갈이에요. 가톨릭을 믿는 포르투갈 사람들이 가톨릭이 정한 고기를 먹지 않는 기간이 있었대요. 이 기간을 '템포라'라 하는데, 고기대신 생선이나 새우 같은 해산물이나 야채에 밀가루 반죽을 묻혀 튀겨 먹었다고 해요. '템포라'를 일본식으로 발음하다 보니 '뎬뿌라'가 되었구요. 어쨌든 어묵은 '오뎅(おでん)'이고, 튀김은 '뎬뿌라(てんぷら)' 입니다!!

콕콕 실력체크

1 부정표현으로 바꿔 보세요.

① つめきりです。　　　　　　　　→ _____。

② リモコン(remote control)でした。　→ _____。

③ つきだしでした。　　　　　　　→ _____。

✎ Word
つめきり 손톱깎기 | つきだし 기본안주

2 주어진 형태로 답해 보세요.

> 보기
> コーラ(cola)ですか。(ココア(cocoa))
> → はい、コーラです。
> → いいえ、コーラでは ありません。ココアです。

① ハンバーガ(hamburger)ですか。(ハンバーガ)
　→ はい、_____。

② ピザ(pizza)ですか。(おこのみやき)
　→ いいえ、_____。

③ ケーキ(cake)ですか。(サンドイッチ(sandwich))
　→ いいえ、_____。

✎ Word
おこのみやき 일본식 빈대떡

3 주어진 단어를 써서 문장을 만들어 보세요.

> 보기
> これ(ハンバーガー)、それ(ピザ)
> → これは　ハンバーガーで、それは　ピザ(pizza)です。

① これ(あなご)、それ(わさび)

　→ _____。

② これ(とんカツ)、それ(みそしる)

　→ _____。

③ はなこさん(タレント)、びじん

　→ _____。

✎ Word
あなご 붕장어 | わさび 고추냉이 | とんカツ 돈까스 | みそしる 된장국 | びじん 미인

4 질문에 답해 보세요.

① A　うどんでしたか。
　B　いいえ、うどん_____。

② A　サラダ(salad)では　ありませんでしたか。
　B　いいえ、サラダ_____。

③ A　シリーズ(series)じゃ　ないですか。
　B　はい、シリーズ_____。

✎ Word
うどん 우동

한자 읽기비법

한자를 읽을 때 보통 다른 한자와 함께 쓰이면 음독(음으로 읽기)으로 읽고, 단독으로 쓰이면 훈독(뜻으로 읽기)으로 읽어요. 일본어 훈독은 어쩔 수 없이 외워야겠지만, 음독은 우리가 읽는 한자음과 발음이 비슷해서 약간의 비법만 알고 있으면 읽기가 쉬워요. 우리 한번 그 비법 속으로 들어가 볼까요?

■ 우리가 읽는 한자음의 첫소리의 경우

① 첫소리 ㄱ → 「か」행이나 「が」행　　開(개)→**かい**
　　　　　　　　　　　　　　　　　　　技(기)→**ぎ**

② 첫소리 ㄴ → 「な」행이나 「だ」행　　年(년)→**ねん**
　　　　　　　　　　　　　　　　　　　暖(난)→**だん**

③ 첫소리 ㄷ → 「た」행이나 「だ」행　　多(다)→**た**
　　　　　　　　　　　　　　　　　　　大(대)→**だい**

④ 첫소리 ㄹ → 「ら」행　　　　　　　　力(력)→**りょく**

⑤ 첫소리 ㅁ → 「ま」행이나 「ば」행　　民(민)→**みん**
　　　　　　　　　　　　　　　　　　　美(미)→**び**

⑥ 첫소리 ㅂ → 「は」행이나 「ば」행　　白(백)→**はく**
　　　　　　　　　　　　　　　　　　　分(분)→**ぶん**

⑦ 첫소리 ㅅ → 「さ」행이나 「ざ」행　　始(시)→**し**
　　　　　　　　　　　　　　　　　　　時(시)→**じ**

⑧ 첫소리 ㅇ → 「あ」행이나 「が」행　　安(안)→**あん**
　　　　　　　　　　　　　　　　　　　言(언)→**げん**
　　　　　　　　「ざ」행　　　　　　　　弱(약)→**じゃく**
　　　　　　　　「な」행　　　　　　　　然(연)→**ぜん, ねん**
　　　　　　　　「や」행　　　　　　　　羊(양)→**よう**

⑨ 첫소리 ㅈ → 「さ」행이나 「だ」행　　作(작)→**さく**
　　　　　　　　　　　　　　　　　　　傳(전)→**でん(伝)**

⑩ 첫소리 ㅊ → 「さ」행　　　　　　車(차)→**しゃ**

⑪ 첫소리 ㅋ → 「か」행　　　　　　快(쾌)→**かい**

⑫ 첫소리 ㅌ → 「た」행　　　　　　通(통)→**つう**

⑬ 첫소리 ㅍ → 「は」행　　　　　　閉(폐)→**へい**

⑭ 첫소리 ㅎ → 「か」행이나「が」행　　下(하)→**か, げ**

■우리가 읽는 한자음의 받침의 경우

① 받침 ㄱ → 「く」나「き」　　　　惡(악)→あ**く**(悪)
　　　　　　　　　　　　　　　　　赤(적)→せ**き**

② 받침 ㄴ, ㅁ → 「ん」　　　　　　安(안)→あ**ん**
　　　　　　　　　　　　　　　　　音(음)→お**ん**

③ 받침 ㄹ → 「ち」나「つ」　　　　一(일)→い**ち**, い**っ**
　　　　　　　　　　　　　　　　　決(결)→け**つ**

그럼, 「つ」와「っ」는 어떻게 구별할까요?
일반적으로 한자 음독에서「つ」가 마지막에 올 때는 촉음화되지 않아요.
　　　　　　　　　　　生活(せいかつ)
　　　　　　　　　　　出発(しゅっぱつ)
그런데「つ」다음에 か, さ, た, ぱ행의 음이 이어질 때는 촉음화됩니다.
　　　　　　　　　　　学校(がっこう)
　　　　　　　　　　　欠席(けっせき)
　　　　　　　　　　　切手(きって)
　　　　　　　　　　　一杯(いっぱい)

④ 받침 ㅂ → 「う」나「つ」　　　　集(집)→しゅ**う**
　　　　　　　　　　　　　　　　　立(립)→り**つ**

⑤ 받침 ㅇ → 「う」나「い」　　　　行(행)→こ**う**
　　　　　　　　　　　　　　　　　生(생)→せ**い**

덤으로 배우는 한자

| 悪 | 음 あく 악
훈 わるい 나쁘다 | ぜんあく
善悪 선악
わるくち
悪口 욕, 험담 |

| 安 | 음 あん 안
훈 やすい (값)싸다 | ふあん
不安 불안
やすもの
安物 싸구려 물건 |

| 暗 | 음 あん 암
훈 くらい 어둡다 | めいあん
明暗 명암 |

| 一 | 음 いち 일, いっ 일
훈 ひと 한 ひとつ 하나 | いちにんまえ　　　　いっかい
一人前 일인분　一階 일층
ひとり
一人 한사람 |

| 飲 | 음 いん 음
훈 のむ 마시다 | いんりょう
飲料 음료
の　　かい
飲み会 술자리 모임 |

| 右 | 음 ゆう 우
훈 みぎ 오른쪽 | さゆう
左右 좌우
みぎうで
右腕 오른팔 |

| 泳 | 음 えい 영
훈 およぐ 헤엄치다, 수영하다 | すいえい
水泳 수영 |

| 遠 | 음 えん 원
훈 とおい 멀다 | えんし
遠視 원시 |

| 音 | 음 おん 음
훈 おと 소리 | おんがく
音楽 음악
みずおと
水音 물소리 |

| 温 | 음 おん 온
훈 あたたかい 따뜻하다　あたたまる 따뜻해지다　あたためる 데우다 | おんど
温度 온도 |

2 名詞 II

명사의 수식형「の」
형식명사「の」
지시대명사, 지시형용사
다양한 호칭

핵심문법

01 명사의 수식형 「の」

パパ(papa)の　くつ
아빠(의) 구두

이 발음은 주의 합시다!
대학생은 「だいがくせい」라고 합니다. 발음나는 대로 읽어보세요. 불편하지 않으세요?
그래서 さ행 앞에 くは 촉음 「っ」로 읽어요. 훨씬 쉽죠? 그런데, 촉음 っ발음할 때 한 박자(손뼉을 한번 탁 친 길이)로 발음하는 거 잊지 않았죠? 촉음 길이를 의식하지 않고 말하면 일본사람들한테 혀 짧은 소리로 들린대요.

우리말에서는 '아빠 구두, 엄마 옷'처럼 명사가 뒤에 오는 명사를 수식할 때 조사 '~의'를 생략하지만, 일본어는「パパ(papa)のくつ(아빠 구두), ママ(mama)のふく(엄마 옷)」처럼 '~의'에 해당하는「の」를 꼭 써야 해요.

그런데, 명사와 명사를 연결하더라도 고유명사에는 の를 쓰지 않으니 주의하세요. 예를 들어, '도쿄대학'이라고 하고 싶으면 の를 빼고「とうきょう　だいがく」라고 합니다. の를 써서「とうきょうのだいがく」라고 하면 '동경**에 있는** 대학'이란 뜻이 되거든요.

이처럼, の는 우리말 소유격 조사 '~의'보다 훨씬 다양하게 쓰입니다.「タレント(talent)のきむらさん(탤런트**인** 기무라 씨)」에서 の는 기무라 씨의 직업을,「あめのひ(비오는 날)」에서 の는 동사를 대신해 쓰였죠. 그렇다면 の를 단순히 소유격 조사 '~의'로만 이해한다면 해석이 부자연스러워지겠죠? 결국 명사의 수식형인 の를 잘 알아야 일본어다운 일본어를 하는데 무리가 없다는 말씀! 하지만 여기서는 명사가 뒤에 오는 명사를 수식할 때 の가 필요하다는 사실만 기억하자구요.

➤ わたしの　せき　　　　　　내(나의) 자리　　　　[소유]
➤ せんせいの　はなこさん　　선생(인) 하나코 씨　　[동격]
➤ にほんの　だいがくせい　　일본(의) 대학생　　　[장소]
➤ きのうの　テスト(test)　　　어제 테스트　　　　　[시간]
➤ めがねの　おとこ　　　　　안경 낀 남자　　　　[동사 대용]
➤ ナイロン(nylon)の　くつした　나일론(으로 된) 양말　[재료]
➤ たなかさんの　しつもん　　다나카 씨(의) 질문　　[주체]

꼼꼼체크 ✓　명사의 수식형

명사 + の + 명사
　　　　　↑

02　형식명사「の」

私のです。
내 거예요.

소유를 나타내는 の 뒤에 오는 명사는, 없어도 그 뜻을 알면 생략하는 일이 많아요. 핸드폰을 가리키면서 '누구 핸드폰이에요?' 해도 되고, '누구 거예요?' 해도 상관없죠? 일본어도 마찬가지에요. 어떤 물건에 대해 물어보는지 굳이 말 안 해도 알 수 있을 때, 명사를 생략하고 우리말 '~의 것'에 해당하는「の」를 씁니다. 그리고 이 の는 앞에서 배운 조사 の가 아니라 형식명사라는 걸 잊지 마세요.

▶ だれの　けいたいですか。　　　누구(의) 핸드폰입니까?
　　わたしの　けいたいです。　　　내 핸드폰이에요.
　　これも　はなこさんのですか。　이것도 하나코 씨(의) 것입니까?
　　はい、わたしのです。　　　　　네, 제 거예요.
▶ だれのですか。　　　　　　　　　누구 거예요?
　　さあ。　　　　　　　　　　　　글쎄요.
▶ きむらさんの　サングラス(sunglasses)じゃ　ないです。
　　　　　　　　　　　　　　　　　기무라 씨(의) 선글라스가 아니에요.
　　ぼくのです。　　　　　　　　　내 거예요.

꼼꼼체크 ✓　형식명사「の」

소유관계에 있는 명사는 생략해도 그 뜻을 알 수 있을 때, 우리말 '~의 것'에 해당하는「の」를 씁니다.

 **핵심문법**

03 지시대명사, 지시형용사

あれ、ください。
저거 주세요

この　ペン(pen)ですか。
이 펜이요?

'펜 주세요'라고 말하는 대신, 사물을 가리키며 '저거 주세요'라고 할 때가 있죠? 사물이나 장소, 방향의 이름을 말하는 대신 쓰는 '이것·저기·그쪽…'. 이런 말들을 '지시대명사'라고 합니다. '이 사람', '그런 일' 같이 명사 앞에서 명사를 수식하는 '지시형용사'도 있어요. 이러한 지시대명사, 지시형용사를 간단히 「こ, そ, あ, ど」라고 합니다.

「こ(이)」는 말하는 사람 가까이에 있는 것을 가리킬 때 쓰는 말

「そ(그)」는 상대방 가까이에 있는 것을 가리킬 때 쓰는 말

「あ(저)」는 말하는 사람이나 상대방으로부터 멀리 떨어져 있는 것을 가리킬 때 쓰는 말

「ど(어느)」는 어느 것인지 물을 때 쓰는 말

구체적으로 살펴보면, 물건을 가리킬 때는 こ, そ, あ, ど 뒤에 「れ」를 붙여 「これ(이것), それ(그것), あれ(저것), どれ(어느 것)」라고 합니다. 「の」를 붙여 「この(이), その(그), あの(저), どの(어느)」라고 하면 뒤에 오는 명사를 수식하는 지시형용사가 되는 거죠. 예를 들어 지시형용사 뒤에 'ひと(사람)'이라는 명사가 오면 「このひと(이 사람), そのひと(그 사람), あのひと(저 사람), どのひと(어느 사람)」이 됩니다.

또, 장소를 가리킬 때는 こ, そ, あ, ど 뒤에 「こ」를 붙여 「ここ(여기), そこ(거기), あそこ(저기), どこ(어디)」라고 합니다. 방향을 가리킬 때는 「ちら」를 붙여 「こちら(이쪽), そちら(그쪽), あちら(저쪽), どちら(어느 쪽)」이라고 하는데, 「こっち, そっち, あっち, どっち」와 같이 「っち」를 붙이면 친한 사이에서 쓰는 반말이 됩니다.

▶ **それは　なんですか。**　　　　　　그것은 뭐예요?
　これは　にほんの　まんがです。　이것은 일본 만화입니다.
▶ **シャンプー(shampoo)は　どれですか。**　샴푸는 어느 거예요?
　これです。　이거예요.
▶ **どのかたが　きむらさんですか。**　어느 분이 기무라 씨예요?
　あの　かたです。　저 분입니다.
▶ **すみません。おてあらいは　どこですか。**
　　　　　　　　　　　　　　　실례합니다. 화장실은 어디예요?
　あそこです。　저기입니다.
▶ **カメラ(camera)うりばは　どちらですか。**
　　　　　　　　　　　　　　　카메라 매장은 어느 쪽이에요?
　こちらです。　이쪽입니다.

> ⚠ **「その」와「あの」**
>
> 눈에 보이는 것을 가리킬 때, 「この, その, あの」는 우리말 '이, 그, 저'에 대응합니다. 그러나, 눈에 보이지 않는 대상, 말하자면 말하는 사람이나 듣는 사람 서로가 이미 알고 있는 대상을 가리킬 때, 우리말에서는 '그 영화, 그 사람'이라고 해서 '그'라는 지시어를 쓰는데, 일본어는 「あの」를 씁니다.
>
> ▶ **あのえいが、どうでしたか。**
> 　그 영화 어땠어요?
> ▶ **あのひと、とてもいいですよ。**
> 　그 사람, 너무 괜찮아요.

꼼꼼체크 ✓　지시대명사, 지시형용사「こ・そ・あ・ど」

사물				장소		방향	
こ そ あ ど } れ	이것 그것 저것 어느 것	こ そ あ ど } の	이 그 저 어느	こ そ あそ ど } こ	여기 거기 저기 어디	こ そ あ ど } ちら	이쪽 그쪽 저쪽 어느 쪽	こ そ あ ど } っち

04 다양한 호칭

わたし、うどん。
나, 우동.

はなこちゃんは。
하나코는?

1인칭을 나타내는 일반적인 표현은 「わたし(나, 저)」입니다. 「わたくし(저)」도 있지만 너무 격식을 차린 말씨라 제한적으로 쓰이죠. 그리고 「ぼく(나)」나 「おれ(나)」는 남자들이 쓰는 반말입니다. 「ぼく」보다는 「おれ」가 더 거친 느낌이 듭니다.

- **わたしの　おかね**です。　　　내 돈이에요.
- **ぼく**のです。　　　　　　　　내 거예요.
- **おれ**のだ。　　　　　　　　　내 거야.

2인칭을 나타내는 말에는 「あなた(당신)」, 「おまえ(너)」, 「きみ(너)」가 있습니다. 「あなた」는 영어의 'you'처럼 일반적인 표현이 아니고, 부인이 남편을 부를 때나 기분 나쁜 투로 상대방을 부를 때 제한적으로 쓰는 말이에요. 상대방의 이름을 몰라 어쩔 수 없이 써야 할 때를 빼고는 안 쓰는 편이 좋습니다. 그리고, 「おまえ」나 「きみ」는 남자들이 쓰는 반말입니다.
그럼, 상대방을 부르는 가장 일반적인 표현은 뭘까요?

「さん(~씨, ~양, ~님)」입니다. 「さん」은 '배용준 씨, 이 효리 양, 안성기 님' 같이 성이나 이름에 붙여 남녀, 연령 구분 없이 폭넓게 쓰여요. 그런데 우리말은 성에 씨를 붙여 '김 씨, 이 씨' 하면 상대방을 아래로 보는 느낌이 있죠? 하지만 さん에는 그런 느낌이 없습니다.

다만, 주의할 것은 우리말은 직함에도 '님'을 붙여, '부장님, 선생님' 하지만, 일본어는 직함 자체를 경어로 보기 때문에 さん을 붙이지 않아요. '김 부장님, 김 선생님'은 「金ぶちょう, 金せんせい」하면 되는 거죠.

▶ **すずきさん、ありがとう。** 　　스즈키 씨, 고마워요.
▶ **ぶちょう、おでんわです。** 　　부장님, 전화예요.

그리고, さん은 가족을 부르는 호칭에도 쓰입니다. '아버지, 아버님'은 「おとうさん」, '어머니, 어머님'은 「おかあさん」입니다. 그런데, 이 말은 집안에서 쓸 수 있는 호칭이고, 다른 사람에게 내 가족에 대해 말할 때는 さん을 쓰지 않고 「ちち(아버지), はは(어머니)」라고 합니다. 이것은 さん이 공손한 표현이기 때문이죠.

▶ **わたしは　だいがくせいです。** 저는 대학생입니다.
　おとうさんは。 　　　　　　　아버님은요?
　ちちは　かいしゃいんです。 　아버지는 회사원입니다.
　おかあさんも　かいしゃいんですか。
　　　　　　　　　　　　　　　　어머님도 회사원입니까?
　いいえ、ははは　しょうがっこうの　せんせいです。
　　　　　　　　　　　아뇨, 어머니는 초등학교 선생님입니다.
　おとうとさんは。 　　　　　　남동생은요?
　おとうとは　ちゅうがくせいです。
　　　　　　　　　　　　　　　　남동생은 중학생입니다

 핵심문법

남자친구, 여자친구

남자친구, 여자친구를 일본어로 뭐라고 할까요? 남자친구는 かれし, 여자친구는 かのじょ라고 해요. 3인칭을 나타내는 かれ(彼)에 し(氏)를 붙인 거죠. '그'를 나타내는 かれ에도 '남자친구'라는 뜻도 있어요. 마찬가지로 '그녀'를 나타내는 かのじょ(彼女)에도 '여자친구'라는 뜻이 있는 거죠.

그럼, 아랫 사람이나 친한 사이에는 어떻게 부를까요?
그냥 성이나 이름만 부르거나, 「はなこちゃん, きむらくん」 같이 성이나 이름에 「ちゃん」 또는 「くん」을 붙입니다. 우리는 '군'이라는 표현을 잘 안 쓰지만, 일본에서는 남자이름을 부를 때 흔히 씁니다.

▶ **はなこちゃん、おはよう。** 　　하나코, 안녕.
▶ **きむらくん、ごめんね。** 　　기무라, 미안.

3인칭을 나타내는 말에는 「かれ(그, 남자친구)」와 「かのじょ(그녀, 여자친구)」가 있습니다. 그리고 물을 때는 「だれ(누구)」와 높임말 「どなた(어느 분)」를 씁니다.

▶ **かれは　だれですか。** 　　그는 누구예요?
▶ **かのじょは　げんきですか。** 　　여자친구는 잘 있어요?

꼼꼼체크 ✓　　다양한 호칭

1인칭	2인칭	3인칭	?
わたし 나, 저　わたくし 저　ぼく 나　おれ 나	あなた 당신　おまえ 너　きみ 너　さん ~씨, ~양, ~님　ちゃん　くん	かれ 그　かのじょ 그녀	どなた 어느 분　だれ 누구

콕콕 가족의 호칭

흑 색 : 자기 가족을 남에게 소개할 때 쓴다.
별 색 : 남의 가족을 말할 때 쓴다.
☐ : 가정내에서 부를 때 쓴다.

자기 가족	남의 가족	뜻
しゅじん 主人	しゅじん ご主人	남편 / 남편분
かない 家内	おく 奥さん	아내 / 부인
こども	こ お子さん	자식 / 자녀분

そふ　おじいさん — 할아버지
そぼ　おばあさん — 할머니

ちち 父　とう お父さん — 아버지
はは 母　かあ お母さん — 어머니

あに 兄　にい お兄さん — 형·오빠
あね 姉　ねえ お姉さん — 누나·언니
わたし — 나
いもうと 妹　いもうと 妹さん — 여동생
おとうと 弟　おとうと 弟さん — 남동생

むすめ 娘　むすめ 娘さん — 딸 / 따님
むすこ 息子　むすこ 息子さん — 아들 / 아드님

2. 명사 II

콕콕 실력체크

1 적당한 말로 고쳐 보세요.

> わたしの　ははです。　　　　　　　　　　　보기
> →　すずきさんの　おかあさんです。

① はなこさんの　こどもさんです。→　わたしの_____
② わたしの　しゅじんです。　　　→　きむらさんの_____
③ わたしの　おとうとです。　　　→　すずきさんの_____

2 주어진 단어를 써서 문장을 만들어 보세요.

> わたしの　くすり　　　　　　　　　　　　보기
> →　A：それは　だれの　くすりですか。
> 　　B：これは　わたしの　くすりです。

① すずきさんの　パン(pang)
→ A：_____
　 B：_____

② ぼくの　くるま
→ A：_____
　 B：_____

③ かのじょの　ピアノ(piano)
→ A：_____
　 B：_____

✎ Word
くすり 약 | パン 빵 | くるま 자동차

3 보기와 같이 만들어 보세요.

> これは　わたしの　でんわばんごうです。
> → この　でんわばんごうは　わたしのです。　　보기

① あれは　たなかさんの　スカーフ(scarf)です。

→ _____。

② これは　だれの　コンピューター(computer)ですか。

→ _____。

③ それは　だれの　ファックス(fax)ですか。

→ _____。

✎Word
でんわばんごう 전화번호

4 대화를 완성해 보세요

① A あの、トイレは_____
　 B あそこです。

② A はなこさんの　かさは_____
　 B それです。

③ A あの　かたは_____
　 B あの　かたは　きむらさんで、かいしゃの　しゃちょうです。

✎Word
トイレ 화장실 | かさ 우산 | かた 분 | かいしゃ 회사 | しゃちょう 사장님

덤으로 배우는 한자

| 下 | 음 か 하, げ 하
훈 した 아래, 밑　さげる 내리다　さがる 내려가다, 떨어지다
くだる 내려지다, 내려가다　くださる 주시다 | 以下 이하　上下 상하 |

| 家 | 음 か 가
훈 いえ 집 | 政治家 정치가 |

| 歌 | 음 か 가
훈 うた 노래　うたう 노래하다 | 流行歌 유행가 |

| 回 | 음 かい 회
훈 まわす 돌리다, 회전시키다　まわる 돌다, 회전하다 | 最終回 최종회 |

| 会 | 음 かい 회
훈 あう 만나다 | 同好会 동호회 |

| 海 | 음 かい 해
훈 うみ 바다 | 東海 동해 |

| 開 | 음 かい 개
훈 ひらく 열다, 개최하다　あける (문, 덮개)열다　あく 열리다 | 開始 개시 |

| 外 | 음 がい 외
훈 そと 밖, 바깥　ほか 기타, 외 | 海外 해외 |

| 楽 | 음 がく 악, らく 락
훈 たのしい 즐겁다　たのしむ 즐기다 | 音楽 음악　娯楽 오락 |

| 間 | 음 かん 간
훈 あいだ 사이, 동안 | 時間 시간 |

44

3 조사

は	~은/는 (주격)	と	~와/과, ~하고(나열)
が	~이/가 (주격)	も	~도(나열), ~이나(강조)
を	~을/를 (목적격)	や	~이랑, ~며(나열)
で	~에서(동작이 일어나는 장소), ~으로/로 (수단, 원인)	から	~에서, ~부터(출발점)
に	~에(사물이 존재하는 장소, 동작의 방향, 시간), ~에게(대상), ~으로/~로(변화, 결정)	まで	~까지(도착점)
		ね	~네요, ~(는)군요(감탄, 확인, 동의)
		よ	~요(주의, 주장)
へ	~에, ~으로/~로(동작의 방향)		

01 주격 조사와 목적격 조사

きものは、きものが、きものを
기모노는,   기모노가,   기모노를

일본의 민족 의상 기모노

우리가 한복이라면 일본은 기모노(きもの)입니다. 기모노는 성별, 나이, 행사에 따라 종류가 다양하고, 가격도 천차만별이죠. 여름에는 가벼운 면소재의 유카타(ゆかた)를 입는데, 일본 숙박업소에서 가지런히 놓인 유카타를 만나는 건 어렵지 않을 겁니다.

우리말과 일본어는 비슷해서 배우기 쉽다고 하죠? 어순도 같고 한자를 쓴다는 것도 그렇고, 게다가 웬만한 조사는 해당하는 뜻만 알아도 될 정도니까요. 그럼, 자주 쓰는 기본 조사에 대해 알아볼까요?

주격조사 '～은/는'은 「は[wa]」, '～이/가'는 「が」, 목적격 조사 '～을/를'은 「を」입니다. 조사로 쓰인 は는 [wa(와)]라고 발음한다고 했죠? 그런데, '생일(은/이) 언제예요?' 같이 의문사가 있는 의문문의 경우, 우리말은 주격조사 '～은/는'이나 '～이/가'를 구분없이 사용하는데, 일본어는 반드시 は를 써서 「おたんじょうびは　いつですか。」라고 합니다. いつ(언제), どこ(어디), なに(무엇), いくら(얼마)와 같은 의문사 앞에 は를 쓰는 것은, 의문사가 있는 술어부에 내용의 중심이 있다고 보기 때문이에요. 「は」는 '술어부'에, 「が」는 '주어부'에 내용의 중심이 있습니다.

➤ わたしは　かんこくじんです。　　나는 한국사람입니다.
　 わたしが　かんこくじんです。　　내가 한국사람입니다.
➤ ここは　どこですか。　　여기는 어디예요?
➤ あさは　パン(pang)を　たべます。　　아침은 빵을 먹어요.
　 ごはんは　たべません。　　밥은 안 먹어요.

꼼꼼체크 ✓　주격조사와 목적격조사

は	が	を
～은/는	～이/가	～을/를

'~을/를 → を'에서 벗어나는 표현

목적격 조사 '~을/를'은 「を」라고 했죠? 그런데, 「バス(bus)に のります(버스를 탑니다)」나 「ともだちに あいます(친구를 만납니다)」같이 우리말은 '~을/를'인데 일본어는 を를 쓰지 않고 「に」를 쓸 때가 있어요. 이처럼 '~을/를 → を'에서 벗어나는 표현에는 또 어떤 것이 있을까요?

- らいしゅう、りょこうに いきます。   다음 주에 여행을 갑니다.
- タクシー(taxi)に のります。   택시를 탑니다.
- わたしは おじいさんに にて います。   나는 할아버지를 닮았습니다.
- せんせいの はなしが わかります。   선생님 말씀을 이해합니다.
- ふねは みなみに むかって いきます。   배는 남쪽을 향해 갑니다.
- わたしに ついて きて ください。   나를 따라 오세요.
- はなこさんに かわって、わたしが やります。   하나코 씨를 대신해서 제가 하겠습니다.
- おんがくの せんせいに あこがれます。   음악 선생님을 동경합니다.
- はなこさんに かたおもいして います。   하나코 씨를 짝사랑하고 있습니다.
- きのう、きむらさんに あいました。   어제, 기무라 씨를 만났습니다.

02 장소를 나타내는 조사

よこはま**で**、よこはま**から**、よこはま**まで**、
요코하마**에서**,　　　요코하마**부터**,　　　요코하마**까지**,

よこはま**に**、よこはま**へ**、
요코하마**에**,　　　요코하마**로**,

장소를 나타내는 조사는 참 많습니다. '요코하마**에서** 만났어요' 라고 할 때 조사 '~에서' 는 '동작이 일어나는 장소' 를 나타냅니다. 이 때 일본어는 「で」죠. 그런데, '요코하마**에서** 왔어요?' 라고 할 때 조사 '~에서' 는 '동작의 출발점' 을 나타냅니다. 이렇게 동작의 출발점 '~에서, ~부터' 는 「から」이고, 도착점 '~까지' 는 「まで」입니다. '10시**부터** 3시**까지**' 에서 '부터' 와 '까지' 는 시간을 한정하고 있어요. から와 まで도 마찬가지입니다. 이처럼, 우리말로는 모두 '에서' 지만, 일본어는 구분해서 쓰고 있어요.

▶ どこ**で**　かいましたか。　　어디**서** 샀어요?　[동작이 일어나는 장소]
▶ どこ**から**　きましたか。　　어디**서** 왔어요?　[동작의 출발점]
▶ ひるやすみは　12じ**から**　1じ**まで**です。
　　　　　　　점심시간은 12시**부터** 1시**까지**예요.　[시간의 한정]

반면, 우리말은 구분해서 쓰는데, 일본어는 하나로 통일해 쓰는 조사가 있습니다. '지금 요코하마에 있어요'라고 할 때 조사 '~에'는 '사물이 존재하는 장소'를 나타냅니다. '언제 요코하마에 가요?' 할 때는 '동작의 방향'을 나타내고, '몇 시에 와요?' 할 때는 '시간'을 나타내죠. 일본어로는 모두 「に」입니다.
그런데, 동작의 방향을 나타낼 때는 に 외에 「へ」라는 조사도 있습니다. 조사로 쓰인 へ는 '[e 에]'라고 발음하니까 주의하세요.
'기무라 씨한테 물어봐요' 할 때 '동작의 대상'을 나타내는 '한테, 에게'는 「に」로 나타냅니다.

➤ かいしゃは　しんじゅくに　あります。
　　　　　　　　　　　　　회사는 신주쿠에 있습니다. [사물이 존재하는 장소]
➤ 7(しち)じに　うちを　でます。
　　　　　　　　　　　　　7시에 집을 나섭니다.　[시간]
➤ このバス(bus)　しんじゅくに　いきますか。
　　　　　　　　　　　　　이 버스, 신주쿠에 가요? [동작의 방향]
➤ あした　どこへ　いきますか。
　　　　　　　　　　　　　내일, 어디에 가요?　[동작의 방향]
➤ うんてんしゅさんに　ききました。
　　　　　　　　　　　　　버스기사님께 물었습니다. [대상]

꼼꼼체크 ✓　장소를 나타내는 조사

で	~에서(동작이 일어나는 장소)
から	~에서, ~부터(출발점)
まで	~까지(도착점)
に	~에(사물이 존재하는 장소, 동작의 방향, 시간) ~에게(대상)
へ	~에, ~으로(동작의 방향)

콕콕 핵심문법

❓ 시간을 나타내는데 「に」가 필요없다고?

'7시에 갈게' 할 때 조사 '~에'는 '시간'을 나타냅니다. 일본어로는 「に」죠. 그런데, 「きのう(어제), きょう(오늘), あした(내일)」 「けさ(오늘 아침), きのうのよる(어젯밤), こんばん(오늘밤)」 「せんしゅう(지난 주), こんしゅう(이번 주), らいしゅう(다음 주)」 「せんげつ(지난 달), こんげつ(이달), らいげつ(다음 달)」 「きょねん(작년), ことし(올해), らいねん(내년)」과 같이 숫자가 없는 시간표현에는 に를 붙이지 않습니다. 그런데, 요일에는 붙이기도 하고 안 붙이기도 합니다.

➤ わたしは まいにち 6じに おきます。 나는 **매일** 6시에 일어납니다.
➤ せんしゅう にほんごの テストが ありました。 **지난 주에** 일본어 테스트가 있었어요.
➤ らいげつ、パパに なります。 **다음 달에** 아빠가 됩니다.
➤ こんどの にちようび(に) おんせんに いきます。 이번 **일요일에** 온천 가요.

03 「で」와 「に」의 다른 쓰임새

くるまで
차로

すしに
초밥으로

「で」와 「に」 만큼 다양하게 쓰이는 조사도 드물어요. 장소나 시간을 나타낼 때 외에도, 동작의 수단이나 도구, 원인이나 이유, 변화, 결정에도 쓰이죠. 예를 들어, '공항까지 차로 갈게요'에서 조사 '~으로'는 '수단이나 도구'를 가리키는 말입니다. '술은 쌀로 만들어요'에서는 '재료', '감기로 쉬었어요.'에서는 '원인이나 이유'를 가리키죠. 이렇게 동작의 수단이나 도구, 원인이나 이유, 재료를 나타내는 '으로'는 전부 「で」입니다.

그리고, '난 초밥으로 할게요' 처럼 '어떤 일에 대한 결정사항'이나, '엔으로 바꿔 주세요' 처럼 '상태의 변화'를 나타내는 '으로'는 「に」입니다.

➤ くうこうまで　くるまで　いきます。
　　　　　　　　　　　　　　　　공항까지 차로 갈게요.[수단이나 도구]
➤ かぜで　やすみました。　　　감기로 쉬었어요.　　[원인이나 이유]
➤ さけは　おこめで　つくります。　술은 쌀로 만들어요.　[재료]
➤ 円に　かえて　ください。　　엔으로 바꿔 주세요.　　[변화]
➤ わたしは　すしに　します。　난 초밥으로 할게요.　　[결정]

스시 좋아하세요?
스시는 원래 생선을 밥 속에 넣어 보관하던 동남아 저장방식이 일본에 전해지면서 생겨난 요리에요. 처음에는 생선 뱃속에 밥을 넣어 삭혀 먹었는데, 시간이 지나면서 소금과 식초로 간하게 되었다죠. 초밥을 먹을 때는 흰살 생선부터 붉은 살 생선, 등푸른 생선 순으로 먹어야 가장 맛있다네요.

꼼꼼체크 ✓ で와 に의 다른 쓰임새

で	に
~으로/로(수단이나 도구, 원인이나 이유, 재료)	~으로/로(변화, 결정)

04 나열조사

あなご**と**わさび
아나고**와** 와사비

술집이 뭐라고?

술을 「さけ(酒)」라고 하죠? 명사 뒤에 「や(屋)」를 붙이면 '~을 파는 가게'라는 뜻이 됩니다. 즉, さけ와 や를 붙인 「さかや(酒屋)」는 술집은 술집인데 마시는 곳이 아니라 술을 전문적으로 파는 가게입니다. 술 마시는 술집은 「のみや(飲み屋)」라고 하죠. 'いざかや(居酒屋)'는 싼 값에 마실 수 있는 곳이고, 'やたい(屋台)'는 우리의 포장마차를 말합니다.

사물을 나열하는 조사에는 「と」와 「や」와 「も」가 있습니다.
'아나고와 와사비' 같이 명사를 둘 이상 대등하게 나열할 때는 「と(~와/과)」를 씁니다. 사람과 같이 쓰이면, '~와 같이, ~와 함께'라는 뜻이 되죠.

▶ ほんやは ぎんこう**と** スーパー(supermarket)の あいだに あります。　　　　　　　서점은 은행**과** 슈퍼 사이에 있어요.

▶ なまビール(beer)**と** にほんしゅが あります。
　　　　　　　　　　　　　　생맥주**와** 일본술이 있어요.

▶ はなこさん**と** のみやへ いきました。
　　　　　　　　　　　　　　하나코 씨**와(같이)** 술집에 갔습니다.

「と」와 비슷한 「や(~이랑, ~며)」는 주로 「~や~など(~랑 ~등)」 형태로 쓰이는데, 「と」가 사물을 구체적으로 일일이 나열한다면, 「や」는 여럿 중에 몇 개만 예로 들 때 씁니다.

▶ テーブル(table)の うえに ピーマン(piment)**と** キャベツ (cabbage)**と** たまねぎが あります。
　　　　　　　　테이블 위에 피망**과** 양배추**와** 양파가 있습니다.

▶ テーブルの うえに ピーマン**や** キャベツ**や** たまねぎ**など**が あります。　　테이블 위에 피망**이랑** 양배추**랑** 양파 **등**이 있습니다.

'우유 주세요, 빨대도요'라고 할 때 '~도'는 사물을 더 보태는 역할을 하죠. 이에 해당하는 조사가 바로「も」입니다. 그런데, も가 수량을 나타내는 말에 붙으면, 그 수나 양이 '의외로 많다'는 '~이나'의 뜻이 되니 주의하세요.

➤ ぎゅうにゅう　ください。　　　　　우유 주세요.
　 ストロー(straw)も　ください。　　　빨대**도** 주세요.

➤ けさは　サンドイッチ(sandwich)を　たべました。
　　　　　　　　　　　　　　오늘 아침에는 샌드위치를 먹었습니다.

　 バナナ(banana)も　たべました。　　바나나**도** 먹었습니다.
　 3ぼんも　たべました。　　　　　　3개**나** 먹었습니다.

꼼꼼체크 ✓　나열조사

と	や	も
~와/과, ~하고	~이랑, ~며	~도, ~이나

 핵심문법

05 종조사

あつい(暑い)ですね。
덥네요.

あつい(熱い)ですよ。
뜨거워요!

우리말 '~요'는 공손해 보이고, 일본어 '~よ'는 건방져 보여요

이 말은 같은 발음이면서도 전혀 다른 뉘앙스를 가진다는 뜻입니다. 우리말 끝에 붙는 '~요'는 공손하고 부드럽게 들리지만, 일본어 끝에 붙는 「よ」는 상대방을 훈계하거나 특별히 주의를 끌 때 사용하므로 상황에 맞게 써야 욕 안 먹습니다.

「ね」와 「よ」는 문장 끝에 붙는 조사입니다.

'참, 덥네요', '네, 덥군요' 처럼, 상대방이 자신과 비슷한 생각을 하고 있을 거라고 예상하면서 확인이나 동의를 구할 때는 「ね(~네요, ~(는)군요)」를 씁니다.

반면, 「よ(~요)」는 상대방을 훈계하거나 주의를 끌 때, 자신의 판단이나 의견을 강하게 주장할 때 쓰죠. 그래서 「よ」는 상대방에게 자신의 의견을 강요하는 듯한 인상을 줄 수 있습니다.

➤ おいしいですね。 맛있군요.
　ええ、ほんとうに　おいしいですね。 네, 정말 맛있네요.
➤ あぶないですよ。 위험해요!
　だいじょうぶです。 괜찮아요.
➤ ねむいですね。 졸리네요.
　ねむくないですよ。 안 졸려요.

꼼꼼체크 ✓ 종조사

ね	よ
~네요, ~(는)군요(감탄 확인, 동의)	~요(주의, 주장)

실력체크

1 _____에 적당한 조사를 넣어 보세요.

① はなこさん_____ じかん_____ ききました。
하나코 씨한테 시간을 물었습니다.

② わたし_____ まいあさ 8じ_____ かいしゃ_____ いきます。
나는 매일 아침 8시에 회사로 갑니다.

③ ノート(note)_____ なまえ_____ じゅうしょ_____ かいて ください。
노트에 이름과 주소를 적어 주세요.

④ えき_____ うち_____ バス(bus)_____ 10ぷんです。
역에서 집까지 버스로 10분입니다.

⑤ きのう かいしゃ_____ はなこさん_____ はなしました。
어제 회사에서 하나코 씨와 얘기했습니다.

⑥ けさは ハンバーガー(hamburger)_____ たべました。
コーヒー(coffee)_____ のみました。
오늘 아침에는 햄버거를 먹었습니다. 커피도 마셨습니다.

⑦ ロッカー(locker)_____ うえ_____ なに_____ ありますか。
보관함 위에 무엇이 있습니까?

⑧ にほんりょうり_____ ほとんど しょうゆ_____ あじを つけます。
일본요리는 대부분 간장으로 맛을 냅니다.

덤으로 배우는 한자

| 帰 | 음 き 귀
 훈 かえる 돌아오다, 돌아가다 | きこく
帰国 귀국 |

| 起 | 음 き 기
 훈 おきる 일어나다　おこる (일)생기다, 발생하다　おこす 일으키다, 깨우다 | きげん
起源 기원 |

| 強 | 음 きょう 강
 훈 つよい 강하다, 세다
 つよまる 강해지다, 세지다　つよめる 강하게 하다, 세게 하다 | べんきょう
勉強 공부 |

| 教 | 음 きょう 교
 훈 おしえる 가르치다 | きょうじゅ
教授 교수 |

| 休 | 음 きゅう 휴
 훈 やすむ 쉬다 | れんきゅう
連休 연휴 |

| 急 | 음 きゅう 급
 훈 いそぐ 서두르다 | きゅうこう
急行 급행 |

| 近 | 음 きん
 훈 ちかい 가깝다 | さいきん
最近 최근
 ちかみち
近道 지름길 |

| 苦 | 음 く 고
 훈 くるしい 괴롭다　くるしむ 괴로워하다　にがい 쓰다 | くろう
苦労 고생 |

| 空 | 음 くう 공
 훈 そら 하늘　あく 비다　あける 비우다 | くうこう
空港 공항 |

4 い形容사

い形容사의 어간 +
- (い)です ~(스)ㅂ니다
- (い)ですか ~(스)ㅂ니까?
- く ありません／く ないです ~지 않습니다
- くて、 ~(하)고, ~(해)서
- かったです ~었습니다
- く ありませんでした／く なかったです
  　　　　　　　　　　~지 않았습니다
- い+명사 ~(으)ㄴ
- く ~게, ~이
- さ 또는 み ~(으)ㅁ

핵심문법

01 い형용사문의 긍정형과 부정형

おもしろいですか。
재미있어요?

ええ、おもしろいです。
네, 재미있어요.

いいえ、おもしろく　ありません。
아뇨, 재미없어요.

**はい 보다는
ええ를 더 잘 써요**

'예'라고 할 때 우리나라 사람들은 はい를 많이 씁니다. 그런데, 실생활에서는 はい보다는 「ええ」를 더 많이 씁니다. はい는 격식을 차린 말씨라서 딱딱한 느낌이 들거든요. 주로, 상관의 명령이나 출석에 답할 때 쓰죠.

일본어 형용사는 い형용사와 な형용사로 나닙니다. おもしろい(재미있다) 처럼 い로 끝나는 「い형용사」, ゆうめいだ(유명하다), ゆうめいな(유명한) 처럼 な로 활용하는 「な형용사」. 먼저 い형용사에 대해 알아볼까요?

「おもしろい(재미있다), たのしい(즐겁다)」 같은 い형용사를 '재미있어요, 즐거워요' 하는 공손한 표현으로 바꾸려면, 기본형 い 뒤에 「～です」를 붙이면 됩니다. 명사 뒤에도 「～です」를 붙였죠?

い形 おもしろ	い	재미있다
	いです	재미있습니다
名 てんぷら		덴뿌라
	です	덴뿌라입니다

그리고 '재미없어요, 재밌지 않아요' 같은 부정표현은 い를 뺀 형용사 어간에 '～지 않아요'에 해당하는 「～くありません」 또는 「～くないです」를 붙이면 됩니다. 명사에서 ありません은 ないです와 같다고 했죠?

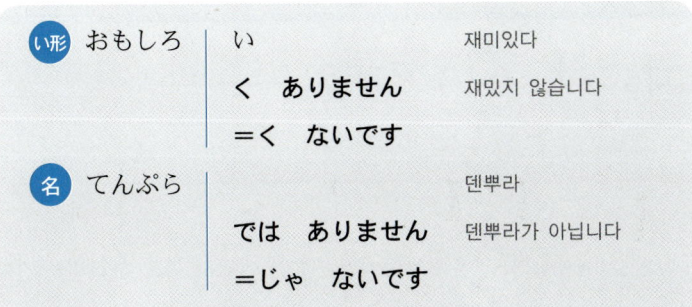

다만, 형용사 いい(좋다, 괜찮다)는 예외적으로, '좋지 않아요'라고 하려면, 같은 뜻의「よい(좋다, 괜찮다)」를 써서「よくありません」이라고 합니다.

➤ しごとは どうですか。　　　　일은 어때요?
　 とても たのしいです。　　　　너무 즐거워요.
　 ぜんぜん たのしく ありません。　전혀 즐겁지 않습니다.
➤ いそがしいですか。　　　　　바쁘세요?
　 あまり いそがしく ないです。　별로 안 바쁩니다.
➤ こうつうは どうですか。　　　교통은 어때요?
　 あまり よく ありません。　　별로 안 좋아요.

꼼꼼체크 ✓ い형용사문의 긍정형과 부정형

긍정형	부정형
～(い)です	～く ありません ～く ないです
～(스)ㅂ니다 / ～어요	～지 않습니다 / ～지 않아요

4. い형용사

02 い형용사문의 연결형

やさしくて おもしろいです。
쉽고 재미있어요.

「やさしい(쉽다)」와 같은 い형용사를 '쉽고, 쉬워서'라고 하려면 어간에 '~(하)고, ~(해)서'에 해당하는 「~くて」를 붙이면 됩니다. 명사에서는 「~で」로 연결했죠?

い形	やさし	い	쉽다
	やさし	くて	쉽고, 쉬워서
名	てんぷら		덴뿌라
	てんぷら	で	덴뿌라이고

➤ はなこさんは どんな ひとですか。 하나코 씨는 어떤 사람이에요?
　めが おおきくて かわいいです。 눈이 크고 귀여워요.

➤ この みせは どうですか。 이 집은 어때요?
　やすくて おいしいです。 싸고 맛있어요.

➤ きむらさんの かおは しろくて まるいです。
　　　　　　　　　　　　　　기무라 씨 얼굴은 희고 둥글어요.

꼼꼼체크 ✓　い형용사문의 긍정형과 연결형

긍정형	연결형
~(い)です	~くて
~(스)ㅂ니다 / ~어요	~(하)고, ~(해)서

03 い형용사문의 과거형과 과거부정형

おもしろかったですか。
재미있었어요?

おもしろく　ありませんでしたか。
재미없었어요?

일본어에서 과거시제를 결정짓는 요소는 「～た」에 있습니다. '재미있었어요' 같은 과거표현은 い형용사의 어간에 '～었어요'에 해당하는 「～かったです」를 붙이면 됩니다. 「～かったです」는 과거형 ～かった(~었다)에 です를 붙여 공손하게 만든 형태입니다. 명사의 과거형에는 「～でした」가 왔죠?

い形		
おもしろし	い	재미있다
おもしろ	かったです。	재밌었습니다
おもしろ	く ありませんでした。	재밌지 않았습니다
	=く なかったです	

名		
てんぷら		덴뿌라
てんぷら	でした。	덴뿌라였습니다
てんぷら	では ありませんでした。	덴뿌라가 아니였습니다
	=じゃ なかったです	

과거부정 표현은 い형용사의 어간에 「～くありませんでした」 또는 「～くなかったです」를 붙입니다. 「～くありませんでした」는 ～くありません(~지 않습니다)의 과거형(た형)이고, 「～くなかったです」는 ～くないです(~지 않습니다)의 과거형(た형)입니다.

그런데, '좋았어요', '좋지 않았어요' 하려면 よい를 써서「よかったです」, 「よくありませんでした(=よくなかったです)」라고 합니다.

▶ きのうの テスト(test)は どうでしたか。
　　　　　　　　　　　　　　　　어제 테스트는 어땠어요?
　とても むずかし**かったです**。　너무 어려**웠어요**.

▶ カタカナは はじめは むずかし**かったです**。
　　　　　　　　　　　　　　가타카나는 처음엔 어려**웠어요**.
　でも、いまは あまり むずかしく **ありません**。
　　　　　　　　　　　　　　하지만 지금은 별로 어렵지 않아요.

▶ きのうの デート(date)は **よかったですか**。
　　　　　　　　　　　　　　어제 데이트는 **좋았어요**?
　いいえ、あまり **よく** **ありませんでした**。
　　　　　　　　　　　　　　아뇨, 별로 **안 좋았어요**.

꼼꼼체크 ✓　い형용사문의 시제표현

	현재	과거
긍정형	～いです ~(스)ㅂ니다	～かったです ~었습니다
부정형	～く ありません ～く ないです ~지 않습니다	～く ありませんでした ～く なかったです ~지 않았습니다

| 04 | い형용사의 수식형 |

あおいそら、しろいふねに
푸른 하늘,　　　　하얀 쪽배에

우리말은 형용사가 뒤에 오는 명사를 수식할 때 '파랗다'는 '파란', '하얗다'는 '하얀'으로 바뀝니다. い형용사는 어떨까요? い형용사는 「あおいそら(푸른 하늘), しろいふね(하얀 쪽배)」처럼 기본형이 그대로 옵니다. 명사는 뒤에 오는 명사를 수식할 때 「の」가 왔죠?

い形	あお	い		푸르다
	あお	い	そら	푸른 하늘
名	パパ(papa)			아빠
	パパ(papa)	の	くつ	아빠(의) 구두

▶ **いい**　ネクタイ(necktie)ですね。　　넥타이 좋은데요. (**좋은** 넥타이)
　どこのですか。　　　　　　　　　　　어디 거예요?

▶ あの　**たかい**　たてものは　なんですか。
　　　　　　　　　　　　　　　　　　저 **높은** 건물은 뭐예요?
　とうきょうタワー(tower)です。　　　　도쿄타워예요.

▶ **あたらしい**　レストラン(restaurant)は　どうですか。
　　　　　　　　　　　　　　　　　　새로 생긴 레스토랑은 어때요?
　やすくて　おいしいですよ。　　　　　싸고 맛있어요.

색깔이 단조로워
우리말에는 색깔을 나타내는 말들이 정말 수두룩합니다. 예를 들어, 붉은 색만 보더라도 '붉다, 빨갛다, 벌겋다, 발그스름하다, 불그레하다, 불긋불긋하다, 시뻘겋다, 새빨갛다…' 사물의 색깔을 그대로 표현한 것부터 말하는 사람의 느낌이나 인상을 담아 쓰는 표현까지 참 많습니다. 이에 비해 일본어는 「赤い(붉다, 빨갛다), 真っ赤(새빨강)」정도로 색깔을 나타내는 표현이 의외로 단조롭죠.

도쿄타워
파리 에펠탑을 본떠 1958년에 세웠다는 도쿄타워는 높이 333m의 붉은 색 철탑입니다. 도쿄일대가 훤히 내려다보이는 전망대가 으뜸 자랑거리지만, 기를 쓰고 올라갈 때보다 멀리서 바라보는 모습이 제일 멋지다는 사실 아세요?

꼼꼼체크 ✓　い형용사의 수식형

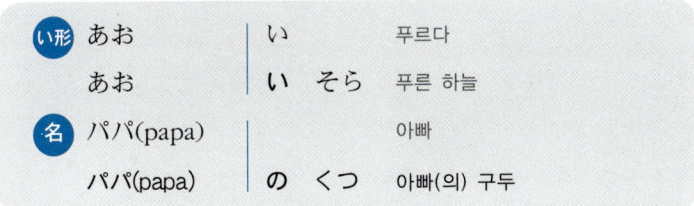

4. い형용사　**63**

콕콕 핵심문법

05 い형용사의 부사형

たか**く**　たか**く**　もっと　たか**く**
　높이　　　높이　　　더　　　높이

'높다'를 '높이, 높게' 하는 식으로, い형용사는 어간에「く」를 붙여 부사형을 만듭니다.

たか	い	높다	ひく	い	낮다
	く	높이, 높게		く	낮게

▶ はやく　はやく。　　　　　　　빨리 빨리.
　 はい、はい。　　　　　　　　　네, 네.
▶ すごく　おいしかったです。　　굉장**히** 맛있었어요.
▶ やすく　して　ください。　　　싸**게** 해 주세요.

꼼꼼체크 ✓ い형용사의 부사형

~く
~게, ~이

> **06** い형용사의 명사형

ひろさ、おも さ、あま み
넓이,　　　　무게,　　　　단맛

'넓다'를 '넓이', '무겁다'를 '무게' 하는 식으로, い형용사는 어간에「さ」를 붙여 명사형을 만듭니다.

ひろ	い	넓다		おも	い	무겁다
	さ	넓이			さ	무게

그런데, い형용사 가운데 일부는 어간에 み를 붙여 느낌이나 상태를 나타냅니다. 예를 들어, 「したしい(친하다), おもしろい(재미있다), あまい(달다), いたい(아프다)」와 같은 い형용사는 「したしみ(친밀함), おもしろみ(재미), あまみ(단맛), いたみ(통증)」하는 식으로 표현되죠.

그리고, 「あおい(파랗다), あかい(빨갛다)」 같은 색깔 형용사는 형용사의 어간만으로 명사형이 되기도 합니다. 즉, 「あお」는 '파랑, 파란색' 이고, 「あか」는 '빨강, 빨간색' 이에요.

➤ 長さ1メートル(m)　厚さ3センチ(cm)
　　　　　　　　　　　　　　　　길이 1m, 두께 3cm

➤ あまみが　ちょっと　たりないですね。　단맛이 좀 부족하네요.

➤ あかと　くろが　すきです。　빨강과 검정을 좋아해요.

꼼꼼체크 ✓　い형용사의 명사형

～さ, ～み, 어간
～(으)ㅁ

콕콕 실력체크

1 빈칸을 채워 보세요.

たのしいです	たのしくありません	たのしかったです	たのしくありませんでした
おおきいです			
	やわらかくありません		
つよいです			
いそがしいです			
やさしいです			
			あかるくありませんでした

✎Word
たのしい 즐겁다 | やわらかい 부드럽다 | つよい 강하다 | いそがしい 바쁘다 | やさしい 상냥하다 | あかるい 밝다

2 한 문장으로 만들어 보세요.

> すずきさんは おもしろいです。すずきさんは やさしいです。 〈보기〉
> → すずきさんは おもしろくて やさしいです。

① わたしの アパート(apartment)は やちんが たかいです。
　わたしの アパートは えきから とおいです。
→ _____。

② きむらさんは せが たかいです。きむらさんは あたまが いいです。
→ _____。

③ この けいたいは ちいさいです。この けいたいは かるいです。
→ _____。

✎Word
やちんが たかい 집세가 비싸다 | とおい 멀다 | せが たかい 키가 크다 | あたま 머리 | ちいさい 작다 | かるい 가볍다

3 ( )안의 단어를 적당한 형태로 고쳐 빈칸을 채우세요.

① とても＿＿＿＿＿かいました。(やすい)
　　아주 싸게 샀어요.

② ふじさんの＿＿＿＿＿は　3776メートル(m)です。(たかい)
　　후지산의 높이는 3776m입니다.

③ このりょうりは＿＿＿＿＿が　すこし　たりないですね。(あまい)
　　이 요리는 단맛이 좀 부족하군요.

4 대화를 완성해 보세요.

① A　にほんごの　べんきょうは　どうですか。
　　B　とても＿＿＿＿＿＿＿＿＿＿。

② A　えんげきは　どうですか。
　　B　ぜんぜん＿＿＿＿＿＿＿＿＿＿

③ A　てんぷらは＿＿＿＿＿＿＿＿＿＿
　　B　ええ、おいしかったです。

🔖Word
とても 너무, 매우 | えんげき 연극 | ぜんぜん 전혀

 ## 덤으로 챙기는 필수 い형용사

형태를 나타내는 말

おお 大きい 크다	ちい 小さい 작다	なが 長い 길다	みじか 短い 짧다
たか 高い 높다	ひく 低い 낮다	かる 軽い 가볍다	おも 重い 무겁다
ふと 太い 굵다	ほそ 細い 가늘다	あつ 厚い 두껍다	うす 薄い 얇다

상태를 나타내는 말

おお 多い 많다	すく 少ない 적다	ちか 近い 가깝다	とお 遠い 멀다
やさ 易しい 쉽다	むずか 難しい 어렵다	つよ 強い 강하다	よわ 弱い 약하다
あたら 新しい 새롭다	ふる 古い 낡다	ひろ 広い 넓다	せま 狭い 좁다
たか 高い 비싸다, 높다	やす 安い 싸다	ふか 深い 깊다	あさ 浅い 얕다
やわらかい 부드럽다	するど 鋭い 날카롭다	めずら 珍しい 드물다	いそが 忙しい 바쁘다

감정을 나타내는 말

うれ 嬉しい 기쁘다	たの 楽しい 즐겁다	かな 悲しい 슬프다	つら 辛い 괴롭다
さび 寂しい 쓸쓸하다	こわ 怖い 무섭다	は 恥ずかしい 부끄럽다	くや 悔しい 분하다
なつかしい 그립다	おもしろい 재밌다	つまらない 시시하다	すごい 굉장하다
いい 좋다	わる 悪い 나쁘다	もったいない 아깝다	すばらしい 멋지다

색깔을 나타내는 말

| あか 赤い 빨갛다 | あお 青い 파랗다 | き いろ 黄色い 노랗다 | しろ 白い 희다 |
| くろ 黒い 검다 | あか 明るい 밝다 | くら 暗い 어둡다 | |

날씨를 나타내는 말

| あたた 暖かい 따뜻하다 | あつ 暑い 덥다 | すず 涼しい 서늘하다 | さむ 寒い 춥다 |

맛을 나타내는 말

| あま 甘い 달다 | しおから 塩辛い 짜다 | から 辛い 맵다 | うす 薄い 싱겁다 |
| すっぱい 시다 | にが 苦い 쓰다 | おいしい 맛있다 | まずい 맛없다 |

5 な형용사

な형용사의 어간 +
- です ~(스)ㅂ니다
- ですか ~(스)ㅂ니까?
- では ありません／じゃ ないです ~지 않습니다
- で、 ~(하)고, ~(해)서
- でした ~었습니다
- では ありませんでした／じゃ なかったです
  ~지 않았습니다
- な+명사 (으)ㄴ
- に ~게, ~이
- さ ~(으)ㅁ

 핵심문법

01 な형용사문의 긍정형과 부정형

ここの　とんカツ、ゆうめいですか。
이 집 돈까스 유명해요?

ゆうめいです。
유명해요.

ゆうめいでは　ありません。
유명하지 않아요.

돈까스(?)

'돈까스'는 우리말 속에 그대로 쓰이는 대표적인 일본어입니다. 얇게 저민 돼지고기에 튀김 옷을 살짝 입혀 튀긴 후, 나이프로 먹기 편하게 썰어 샐러드와 된장국을 곁들여 먹는 음식. 원래 서양 음식이었던 포크커틀릿(Pork cutlet)을 일본식 「豚(돼지 돈)カツ」로 만들어낸거죠.
pork cutlet
→豚カツレツ(돈 카츠레츠)
→豚カツ(돈카츠)
오리지널이 일본에서 비롯된 것은 아니지만, 이제 서양 사람도 즐겨 찾는 음식이 되었습니다.

일본어 형용사는 い형용사와 な형용사로 나뉜다고 했습니다. 여기서는 な형용사에 대해 배워 봅시다. な형용사의 기본형은 「~だ」로 끝납니다. 「ゆうめいだ(有名だ)(유명하다)」처럼 대부분 「한자(어간) + だ(어미)」 형태로 되어 있죠. 한자에서 나온 것이 많아 앞으로 사용법을 보면 알겠지만 명사와 매우 비슷합니다.
「ゆうめいだ(유명하다)」 같은 な형용사를 '유명합니다, 유명해요' 하려면 어간에 명사나 い형용사처럼 「~です」를 붙입니다.

な形	ゆうめい	だ	유명하다
		です	유명합니다
名	てんぷら		덴뿌라
		です	덴뿌라입니다
い形	おもしろ	い	재미있다
		いです	재미있습니다

그리고, '유명하지 않아요' 같은 부정표현은 명사처럼 「～ではありません」 또는 「～じゃないです」를 어간에 붙이면 됩니다. い형용사에서는 「～くありません」을 붙였죠? 헷갈리기 쉬운 부분이니 잘 기억해두세요.

な形	ゆうめい	だ	유명하다
		では ありません ＝じゃ ないです	유명하지 않습니다
名	てんぷら		덴뿌라
		では ありません ＝じゃ ないです	덴뿌라가 아닙니다
い形	おもしろ	い	재미있다
		く ありません。 ＝く ないです	재미있지 않습니다

➤ じょうずですか。 잘해요?
　いいえ、へたです。 아뇨, 못해요.
➤ すきですか。 좋아해요?
　いいえ、きらいです。 아뇨, 싫어해요.
➤ しごとは どうですか。たいへんですか。 일은 어때요? 힘들어요?
　いいえ、たいへんでは ありません。 아뇨, 안 힘들어요.

꼼꼼체크 ✓　な형용사문의 긍정형과 부정형

긍정형	부정형
～です	～では ありません ～じゃ ないです
~(스)ㅂ니다 / ~어요	~지 않습니다 / ~지 않아요

5. な형용사　71

02 な형용사문의 연결형

しんせつで、おいしいです。
친절하고 맛있어요.

「しんせつだ(친절하다)」와 같은 な형용사를 '친절하고, 친절해서'라고 하려면 だ를 뺀 어간에 '~(하)고, ~(해)서'에 해당하는 「~で」를 붙이면 됩니다. い형용사에서는 「~くて」를 붙였어요. 구별해서 잘 기억해 두세요.

な形	しんせつ	だ	친절하다
		で	친절하고, 친절해서
名	てんぷら		덴뿌라
		で	덴뿌라이고
い形	やさし	い	쉽다
		くて	쉽고, 쉬워서

▶ きのう、すずきさんの こいびとに あいました。
어제, 스즈키 씨 애인을 만났어요.

そうですか。どんな ひとですか。 그래요? 어떤 사람이에요?

きれいで やさしいです。 예쁘고 상냥해요.

▶ きれいで あかるい としょかんです。
깨끗하고 밝은 도서관입니다.

▶ きょうとは しずかで、きれいです。 교토는 조용하고, 아름답습니다.

꼼꼼체크✓ な형용사문의 긍정형과 연결형

긍정형	연결형
~です	~で
~(스)ㅂ니다/~어요	~(하)고, ~(해)서

72

03 な形容詞文의 과거형과 과거부정형

ゆうめいでしたか。
유명했어요?

ゆうめいでは ありませんでした。
유명하지 않았어요.

な형용사의 과거표현도 명사와 마찬가지입니다. '유명했어요'라고 하려면 어간에 '~었어요'에 해당하는 「~でした」를 붙이면 됩니다. '유명하지 않았어요'는 어간에 '~지 않았어요'에 해당하는 「~ではありませんでした」 또는 「~じゃなかったです」를 붙이면 되고요. 어째서 명사와 사용법이 비슷하다고 했는지 감이 오죠?

な形	ゆうめい	だ	유명하다
		でした。	유명했습니다
		では ありませんでした。	
			유명하지 않았습니다
		＝じゃ なかったです。	
名	てんぷら		덴뿌라
		でした。	덴뿌라였습니다
		では ありませんでした。	
			덴뿌라가 아니였습니다
		＝じゃ なかったです。	
い形	おもしろ	い	재미있다
		かったです。	재미있었습니다
		く ありませんでした。	재미있지 않았습니다
		＝く なかったです。	

5. な형용사

 핵심문법

일본은 자판기 천국
보급률 세계1위를 자랑하는 일본의 자판기(じはんき). 얼마전 신문에서 국민 열 몇 당 한 대 꼴이란 기사가 났습니다. 담배나 음료는 기본이고, 쌀, 생화, 보석까지 자판기로 못파는 물건이 없는 나라가 바로 일본입니다.

▶ じはんきは　べんりでした。　　자판기는 편리**했습니다**.

▶ かんじは　かんたんでは　ありませんでした。
　　　　　　　　　　　　한자는 간단하**지 않았습니다**.

▶ きょうは　あまり　ひまじゃ　なかったです。
　　　　　　　　　　　　오늘은 별로 한가하**지 않았어요**.

꼼꼼체크 ✓　　な형용사문의 시제표현

	현재	과거
긍정형	～です ～(스)ㅂ니다	～でした ～었습니다
부정형	～では ありません ～じゃ ないです ～지 않습니다	～では ありませんでした ～じゃ なかったです ～지 않았습니다

04 な형용사의 수식형

しんせん な さしみ
신선한 회

뒤에 오는 명사를 수식할 때 い형용사는 기본형이 그대로 왔죠? 「しんせんだ(신선하다)」 같은 な형용사는 '~(은)ㄴ'에 해당하는 어미 「な」를 어간에 붙입니다. 바로 이 부분이 い형용사와 な형용사를 구분하는 중요한 요소입니다. 명사는 수식할 때 「の」가 왔어요.

な形	しんせん	だ	신선하다
		な さしみ	신선한 회
名	パパ		아빠
		の くつ	아빠(의) 구두
い形	あお	い	푸르다
		い そら	푸른 하늘

그런데, '같다'라는 뜻의 「おなじだ」는 예외적으로, '같은 색, 같은 모양'이라고 할 때 な를 붙이지 않고 「おなじいろ」, 「おなじかたち」라고 합니다.

▶ ぎんざは すごく にぎやか な ところです。
　　　　　　　　긴자는 굉장히 번화**한** 곳이에요.
▶ すてき な かれしが ほしいです。
　　　　　　　　멋**진** 남자친구가 있었으면 좋겠습니다.
▶ わたしたち みんな **おなじ** ほうこうです。
　　　　　　　　우리들 모두 **같은** 방향이에요.

꼼꼼체크 ✓　**な형용사의 수식형**

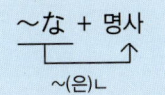

일본어의 복수형

우리나라 사람들은 복수형하면, 「たち」를 붙이는 일을 많습니다. 그런데, 실제로는 たち 뿐 아니라, 「ら」를 붙이기도 하고, 단어자체를 반복해 쓰기도 합니다. 예를 들어 '우리들'은 「わたしたち」, 「わたしら」다 씁니다. '사람들'은 「ひとたち」하거나 ひと를 한 번 더 반복해 「ひとびと」하기도 하죠. 그리고 때에 따라서는 ひと자체만으로 '사람들'이란 뜻으로 쓰입니다. 우리말로 '들'이라고 해서 무조건 たち를 붙이는 건 곤란하겠죠.

05 な형용사의 부사형

しんせんに
신선하게

お大事に
だいじ

병문안 가서 환자를 만나고 나올 때, 또는 의사가 환자를 진찰하고 보통 건네는 말이 「おだいじに(お大事に)」입니다. 직역하면 '소중히'라는 뜻이지만 보통 '몸조리 잘하세요' '빨리 나으세요' 정도로 보면 되죠. 자주 쓰는 표현이니 잘 기억해 둡시다.

「しんせんだ(신선하다)」같은 な형용사를 '신선하게' 하는 식으로 부사형을 만드려면 어간에 「に」를 붙입니다. い형용사는 「く」를 붙였죠?

な形 しんせん	だ	신선하다
	に	신선하게
い形 たか	い	높다
	く	높이, 높게

➤ きれいに あらいなさい。　　　깨끗하게 씻으세요.
➤ しずかに しなさい。　　　　조용히 하세요.
➤ おだいじに。　　　　　　　　몸조리 잘하세요.

꼼꼼체크 ✓　な형용사의 부사형

～に
~게, ~이

76

06 な形容사의 명사형

しんせん**さ**、しんせつ**さ**
신선**함**,　　　　　친절**함**

い형용사와 마찬가지로 な형용사는 어간에 「さ」를 붙여 명사형을 만듭니다. '신선함'은 「しんせんさ」, '친절함'은 「しんせつさ」. 간단하죠?

な形 しんせん	だ 신선하다
	さ 신선함
い形 たか	い 높다
	さ 높이

▶ しんせん**さ**が　じゅうようです。　　신선**함**이 중요해요.

▶ かれの　しんせつ**さ**に　かんどうしました。
　　　　　　　　　　　　　　　　그의 친절**함**에 감동했습니다.

▶ この　たか**さ**が　きに　なります。　이 높**이**가 마음에 걸려요.

꼼꼼체크 ✓　な형용사의 명사형

~さ
~(으)ㅁ

5. な형용사　**77**

실력체크

1 빈칸을 채워 보세요.

ゆうめいです	ゆうめいでは ありません	ゆうめいでした	ゆうめいでは ありませんでした
かんたんです			
		たいへんでした	
すてきです			
	ざんねんでは ありません		
おなじです			おなじでは ありませんでした
		へたでした	

✎ Word
かんたんだ 간단하다 | たいへんだ 큰일이다, 힘들다 | すてきだ 멋지다 | ざんねんだ 유감이다 | おなじだ 같다 | へただ 서툴다

2 한 문장으로 만들어 보세요.

> この しょくどうは しんせつです。この しょくどうは おいしいです。
> → この しょくどうは しんせつで おいしいです。

① この かばんは じょうぶです。この かばんは かるいです。
→ _____。

② この にくは しんせんです。この にくは やすいです。
→ _____。

③ この だいがくは ゆうめいです。この だいがくは れきしが ふるいです。
→ _____。

✎ Word
しょくどう 식당 | かばん 가방 | じょうぶだ 튼튼하다 | かるい 가볍다 | にく 고기 | しんせんだ 신선하다 | やすい 싸다 | れきしが ふるい 역사가 오래되다

3 ( )안의 단어를 적당한 형태로 고쳐 빈칸을 채우세요.

① _____ しゃしんですね。(すてきだ)

멋진 사진이군요.

② よるは　ほしが _____ みえます。(きれいだ)

밤에는 별이 예쁘게 보입니다.

③ Eメール(E-mail)は　とても _____ べんりです。(かんたんだ)

이메일은 매우 간단하고 편리합니다.

4 대화를 완성해 보세요.

① ホテル(hotel)の　よやくは　たいへんでしたか。

　いいえ、あまり _____ 。

② しんじゅくは　にぎやかですか。

　ええ、すごく _____ 。

③ きむらさんは　しんせつな　ひとですか。

　いいえ、あまり _____ 。

✎Word

よやく 예약 | しんじゅく 신주쿠(지명) | にぎやかだ 활기차다, 번화하다 | すごく 꽤, 상당히

덤으로 챙기는 필수 な형용사

상태를 나타내는 말

簡単だ 간단하다	複雑だ 복잡하다	必要だ 필요하다
無理だ 무리다	変だ 이상하다	不思議だ 이상하다
安心だ 안심이다	意外だ 의외다	静かだ 조용하다
便利だ 편리하다	不便だ 불편하다	上手だ 잘하다
下手だ 못하다	新鮮だ 신선하다	有名だ 유명하다
同じだ 같다	大丈夫だ 괜찮다	元気だ 건강하다
丈夫だ 튼튼하다	重要だ 중요하다	大変だ 큰일이다, 힘들다
大切だ 소중하다		

감정을 나타내는 말

好きだ 좋아하다	きらいだ 싫어하다	幸せだ 행복하다
だめだ 안된다	残念だ 유감이다	不愉快だ 불쾌하다
かわいそうだ 불쌍하다		

성격・태도를 나타내는 말

親切だ 친절하다	まじめだ 성실하다	立派だ 훌륭하다
社交的だ 사교적이다		

외모를 나타내는 말

ハンサムだ 잘생기다	ブスだ 못생기다(여자에게만 씀)	はでだ 화려하다
じみだ 수수하다	すてきだ 멋지다	きれいだ 아름답다, 깨끗하다

6 동사 I

동사의 ます형 +
- ます ~(스)ㅂ니다
- ますか ~(스)ㅂ니까?
- ません ~지 않습니다
- ました ~였습니다
- ませんでした ~지 않았습니다

01 동사의 종류

行<ruby>い</ruby>く、見<ruby>み</ruby>る、食<ruby>た</ruby>べる、来<ruby>く</ruby>る、する
가다,　　보다,　　먹다,　　　오다,　　하다

우리말은 형태만 봐서는 형용사인지 동사인지 구분이 안가죠? 그런데 일본어는 구분이 가능합니다. い형용사의 기본형은 い로 끝나고, な형용사는 だ로 끝납니다. 「おもしろい(재미있다)」와 「有名だ(유명하다)」처럼요.

이에 대해 동사의 기본형은 う, く, す, つ, ぬ, ふ, む, る의 「う」단으로 끝납니다. 예를 들어, 行く(가다), 食べる(먹다), 来る(오다), する(하다)처럼 모두 「う단」으로 끝납니다.

또, 활용에 따라 우리말에는 규칙동사(어간이 일정한 동사)와 불규칙동사(어간이 일정하지 않고 활용형이 이어질 때마다 어간의 형태에 변화가 있는 동사)가 있습니다. 일본어도 Ⅰ그룹동사, Ⅱ그룹동사, Ⅲ그룹동사의 구분이 있습니다. Ⅰ그룹동사, Ⅱ그룹동사는 우리말의 규칙동사, Ⅲ그룹동사는 불규칙동사에 해당한다고 보면 됩니다. 무슨 뜻인지 알아볼까요?

꼼꼼체크 ✓　형용사와 동사의 기본형

형용사		동사
い형용사	な형용사	
~い	~だ	~う단
~다	~다	~다

'묻다'는 '묻습니다, 묻고, 물어서' 같은 형태로 쓰입니다. 예전에 배운 'ㄷ불규칙동사' 하는 문법적인 용어가 생각날 겁니다. 다른 활용형이 이어질 때마다 어간의 형태에 변화가 있는 동사죠. 이들 동사는 매우 불규칙하기 때문에 무조건 외우는 수 밖에 없어요. 일본어의 Ⅲ그룹동사가 바로 여기에 해당됩니다. 그나마 다행스러운건「する(하다)」와「来る(오다)」단 두개 뿐이란 사실입니다. 예를 들어, 来る는「来ます(옵니다), 来て(오고, 와서), 来ない(안 온다)」처럼 불규칙하게 변한다는 거죠.

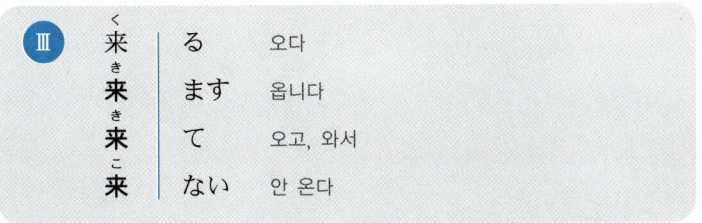

Ⅱ그룹동사는「見る(보다), 食べる(먹다)」와 같이 어미가 る로 끝나고, る 바로 앞에 오는 음이 い단이나 え단으로 끝나는 동사를 말합니다. 이들 동사는 규칙적으로 바뀝니다. 見る를 예로 들면,「見ます(봅니다), 見て(보고, 봐서), 見ない(안 본다)」하는 식으로 다른 활용형이 이어질 때마다 어미를 빼고 연결하면 됩니다.

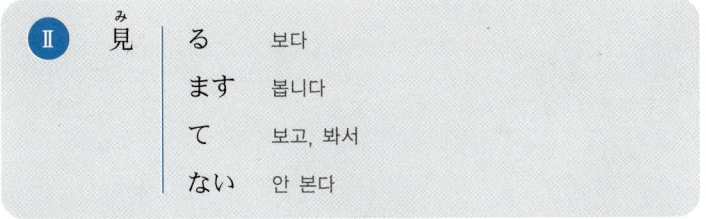

Ⅰ그룹동사는「行く(가다), 作る(만들다)」와 같이 Ⅱ, Ⅲ그룹동사를 제외한 나머지 동사를 말합니다. 이들 동사도 규칙적으로 바뀝니다. 예를 들어 行く는「行きます(갑니다), 行って(가고, 가서), 行かない(안 간다)」처럼 다른 활용형이 이어질 때마다 항상 어미의 형태가 바뀝니다.

일본어의 성패는 동사에 달렸다!

동사의 중요성은 아무리 강조해도 지나치지 않습니다. 일본어를 제대로 하느냐 못하느냐는 동사에 달렸다고 볼 수 있죠. 그런데, 동사가 처음부터 만만치 않죠? 걱정하지 마세요. 천리길도 한걸음부터 천천히 하자구요. 먼저 동사의 종류부터 머릿속에 정리해 봅시다. Ⅰ그룹에는 行く, Ⅱ그룹에는 食べる, Ⅲ그룹에는 くる, する 이렇게 예를 들어 기억하면 이해하기 훨씬 쉽습니다. 그리고 활용이 나올 때마다 예문을 생각하는 겁니다. 모두 파이팅!!

콕콕 핵심문법

Ⅰ	行	く	가다
		きます	갑니다
		って	가고, 가서
		かない	안 간다

그런데, 형태는 Ⅱ그룹이지만 Ⅰ그룹에 속하는 동사가 있습니다. 「入る(들어가다), 切る(자르다), 知る(알다), 要る(필요하다), 散る(떨어지다), 帰る(돌아가다, 돌아오다), 限る(한정하다), 照る(내리쬐다), 減る(줄다)」 같은 동사입니다. 예를 들어 入る는 「入ります(들어갑니다), 入って(들어가고), 入らない(들어가지 않다)」 하는 식으로 바뀝니다. 예외적인 것이므로 잘 기억해 두세요.

Ⅰ	入	る	들어가다
		ります	들어갑니다
		って	들어가고
		らない	안 들어간다

꼼꼼체크 ✓ 동사의 종류

종류		예	특징
불규칙동사	Ⅲ그룹동사	する, 来る	불규칙적으로 변화
규칙동사	Ⅱ그룹동사	어미는 「る」고, る앞에 오는 음이 「い단」 또는 「え단」 동사 예 見る, 食べる 등	어간에 그대로 활용형 연결
	Ⅰ그룹동사	①Ⅱ그룹동사의 예외 예 入る, 走る 등 ②Ⅱ, Ⅲ그룹동사를 제외한 나머지 예 行く, 作る 등	어미를 변화시켜 활용형 연결

02 동사문의 의문형과 긍정형과 부정형

おでん、食(た)べますか。
오뎅, 먹어요?

食べます。
먹어요.

食べません。
안 먹어요.

「てんぷらです(덴뿌라에요)」, 「おもしろいです(재미있어요)」, 「ゆうめいです(유명해요)」 같이 명사와 형용사의 서술표현에는 「です」를 붙입니다. 명사와 형용사가 「です(~(스)ㅂ니다)」와 쿵짝이라면 동사는 「ます(~(스)ㅂ니다)」와 쿵짝입니다. ます는 '~(스)ㅂ니다' 라는 뜻입니다. 그런데, ます는 미래표현에도 의지표현에도 쓰입니다. '~할 겁니다', '~하겠습니다' 모두 ます로 된다는 거죠. 예를 들어 「食べますか」 하면 '먹어요?, 먹겠어요?, 먹을 거에요?' 다 됩니다. 우리말과 다른 가장 두드러진 특징이니 잘 기억해 두세요.

꼼꼼체크 ✓ 명사·형용사·동사의 긍정형

명사	형용사		동사
	い형용사	な형용사	
~です ~(스)ㅂ니다			~ます ~(스)ㅂ니다

콕콕 핵심문법

'잡니다, 먹습니다' 같이 우리말은 어휘에 따라 '~ㅂ니다' 나 '~습니다'를 붙입니다. 일본어도 어휘에 따라 ます를 붙이는데 일정한 규칙이 있어요. 「行く(가다)」와 같은 Ⅰ그룹동사는 어미를 「い단」으로 바꾸고 ます를 붙입니다. 「行きます」하면 '갑니다'가 되는거죠.

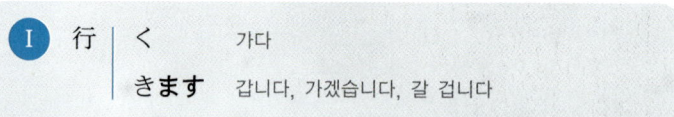

「食べる(먹다)」와 같은 Ⅱ그룹동사는 어간에 그대로 ます를 붙여 「食べます(먹습니다)」라고 합니다.

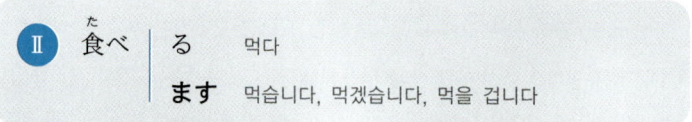

Ⅲ그룹동사 「する(하다)」와 「来る(오다)」는 각각 「します(합니다)」, 「来ます(옵니다)」로 바뀝니다.

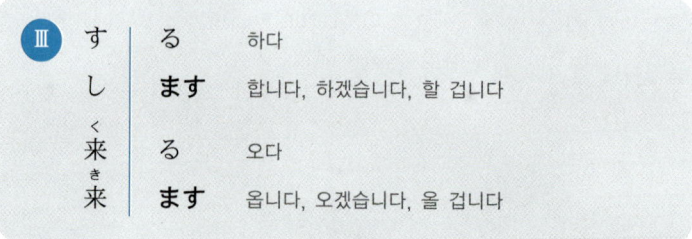

～ます의 부정표현은「～ません」입니다. '～하지 않습니다, 안 ~(스)ㅂ니다'에 해당하죠. 형태는 ます를 붙일 때와 같습니다.

	行_い	く	가다
I		きます	갑니다
		きません	안 갑니다
II	食_たべ	る	먹다
		ます	먹습니다
		ません	안 먹습니다
III	す	る	하다
	し	ます	합니다
		ません	안 합니다
	来_く来_き	る	오다
		ます	옵니다
		ません	안 옵니다

> ⚠️ 行_いく와 帰_{かえ}る
>
> '어디 가요? 회사 갑니다', '어디 가요? 집에 갑니다' 우리말로는 다 같은 '가다'죠. 그런데, 일본어로는 회사갈 때는 「行く」를 쓰고 집에 갈 때는 「帰る」를 씁니다. 「帰る」에는 원래 돌아간다는 뉘앙스가 있거든요.

▶ わたしは朝_{あさ}7時_じに起_おきます。 나는 아침 7시에 일어**납니다**.
　そして、コーヒー(coffee)を飲_のみます。 그리고, 커피를 마**십니다**.
　新聞_{しんぶん}も読_よみます。 신문도 봅**니다**.
　7時半_{しちじはん}に学校_{がっこう}へ行_いきます。 7시반에 학교에 갑**니다**.
　ときどき、水泳_{すいえい}もします。 가끔 수영도 합**니다**.
　5時_{ごじ}にうちへ帰_{かえ}ります。 5시에 집에 옵**니다**.
▶ わたしは毎日_{まいにち}ミルク(milk)を飲_のみます。 나는 매일 우유를 마십**니다**.
　コーヒーは飲みません。 커피는 마시**지 않습니다**.
　あさごはんも食_たべません。 아침(밥)도 먹**지 않습니다**.

꼼꼼체크 ✓ 동사문의 긍정형과 부정형

긍정형	부정형
～ます	～ません
~(스)ㅂ니다	~지 않습니다

6. 동사 I **87**

03 동사문의 과거형과 과거부정형

昨日(きのう)'セーラームーン(sailor moon)'を見(み)ましたか。
어제 '세일러문' 봤어요?

見ませんでした。
안 봤어요.

세일러문을 아세요?

기이한 복장과 요란한 장신구로 치장한 이들 속에서 세일러문도 종종 눈에 띱니다. 「세일러문」은 1990년대 화제가 되었던 애니메이션으로, 세일러복을 입은 소녀전사들이 정의의 이름으로 외치며 악으로부터 지구를 구하는 내용이죠.

일본어에서 과거시제를 만드는 요소는 어디에 있다? 「た」에 있다! 「てんぷらでした(덴뿌라였어요)」, 「ゆうめいでした(유명했어요)」, 「おもしろかったです(재미있었어요)」처럼 명사와 형용사의 과거표현에는 た가 왔습니다. 동사도 마찬가지입니다. 「〜ました(었습니다)」를 붙여 과거표현 「見(み)ました(봤습니다)」라고 하고, 「〜ませんでした(안〜했습니다)」를 붙여 과거부정 표현 「見ませんでした(안 봤습니다)」라고 합니다. 간단하죠?

I	行(い)	く	가다
		きました	갔습니다
		きませんでした	안 갔습니다
II	食(た)べ	る	먹다
		ました	먹었습니다
		ませんでした	안 먹었습니다
III	す	る	하다
	し	ました	했습니다
		ませんでした	안 했습니다
	来(く)る 来(き)	る	오다
		ました	왔습니다
		ませんでした	안 왔습니다

▷ 昨日の朝、ミルク(milk)を飲みました。
　　　　　　　　　　　　　　　　어제 아침에 우유를 마셨습니다.
　でも、今朝は飲みませんでした。 그런데, 오늘 아침엔 안 마셨습니다.

▷ 昨日、連絡しましたか。　　　　어제 연락 했어요?
　いいえ、連絡しませんでした。 아뇨, 연락 안했어요.

～ませんでした의 ～ていません

일본어는 어떤 일이 아직 일어날 가능성이 있을 때에는 「～ていません(09.동사Ⅳ 참고)」을, 그 일이 더 이상 일어날 가능성이 없을 때에는 「～ませんでした」를 씁니다. 그런데, 우리말로는 다 '안 ～했습니다' 죠. 예를 들어, 「ラブレター(love letter)見ましたか('러브레터' 봤어요?)」하면 「見ませんでした」라고 하지 않고 「(まだ) 見ていません((아직) 안 봤어요.)」라고 대답합니다. 이것은 이 영화를 지금은 안 봤지만 앞으로 볼 수도 있기 때문입니다.

꼼꼼체크 ✓　명사 · 형용사 · 동사의 과거형

	명사	형용사		동사
		な형용사	い형용사	
긍정형	～でした ～였습니다		～かったです ～였습니다	～ました ～였습니다
부정형	～では ありませんでした ～지 않았습니다		～く なかったです ～지 않았습니다	～ませんでした ～지 않았습니다

콕콕 실력체크

1 빈칸을 채워 보세요.

食べる	食べます	食べません	食べました
帰る			
	歩きます		
		来ません	
する			
			ありました
入る			

2 질문에 주어진 형태로 답해 보세요.

> お酒を飲みますか。　　　　　　　　　　　　　　보기
> → ええ、お酒を飲みます。
> → いいえ、お酒は飲みません。

① 李さんを待ちますか。

　→ ええ、＿＿＿＿＿＿＿＿＿＿＿＿＿＿＿＿＿＿＿＿。

② ビデオ(video)を見ますか。

　→ いいえ、＿＿＿＿＿＿＿＿＿＿＿＿＿＿＿＿＿＿。

③ ワイン(wine)を飲みましたか。

　→ ええ、＿＿＿＿＿＿＿＿＿＿＿＿＿＿＿＿＿＿＿。

3 주어진 동사를 적당한 형태로 고쳐 대화를 완성해 보세요.

① A 鈴木さんはあさ何時に＿＿＿＿＿＿＿＿＿＿。（起きる）
　　B 7時に＿＿＿＿＿＿＿＿＿。
　　A 今度の休みは何をしますか。
　　B まだ＿＿＿＿＿＿＿＿＿＿。（わかる）

② A 昨日の夜、何をしましたか。
　　B 主人とすし屋へ＿＿＿＿＿＿＿＿＿＿。（行く）
　　A そうですか。何を＿＿＿＿＿＿＿＿＿＿。（食べる）
　　B 私はそばを＿＿＿＿＿＿＿＿＿。（食べる）
　　A お酒も＿＿＿＿＿＿＿＿＿。（飲む）
　　B いいえ、お酒は＿＿＿＿＿＿＿＿＿＿。（飲む）

③ A 金さん、今日＿＿＿＿＿＿＿＿＿＿。（行く）
　　B いいえ、今日は＿＿＿＿＿＿。土曜日に＿＿＿＿＿＿＿＿＿＿。（行く）

④ A あした何をしますか。
　　B 買い物を＿＿＿＿＿＿＿＿＿＿。（する）
　　A どこで＿＿＿＿＿＿＿＿＿＿。（する）
　　B デパート(department store)で＿＿＿＿＿＿＿＿＿＿＿。（する）

📝 **Word**
すし屋 초밥집 | 買い物をする 물건을 사다

 덤으로 챙기는 필수동사

일상을 나타내는 말

起きる 일어나다	飲む 마시다	食べる 먹다
洗う 씻다	見る 보다	乗る 타다
降りる 내리다	化粧する 화장하다	運転する 운전하다
遊ぶ 놀다	働く 일하다	教える 가르치다
知る 알다	分かる 알다	考える 생각하다
習う 배우다	勉強する 공부하다	休む 쉬다
掃除する 청소하다	作る 만들다	洗濯する 빨래하다
読む 읽다	風呂に入る 목욕하다	寝る 자다

동작을 나타내는 말

歩く 걷다	走る 달리다	かける 뛰어가다
踏む 밟다	飛ぶ 날다	はう 기다
すべる 미끄러지다	触る 만지다	押す 밀다
引く 당기다	泳ぐ 헤엄치다	回る 돌다
立つ 일어서다	座る 앉다	倒れる 넘어지다
運ぶ 운반하다	進む 나아가다	動く 움직이다
止まる 멈추다	行く 가다	追いかける 쫓아가다
逃げる 도망치다	帰る (돌아)가다/오다	来る 오다

감정을 나타내는 말

愛する 사랑하다	憎む 미워하다	我慢する 참다
驚く 놀라다	慌てる 당황하다	心配する 걱정하다
困る 곤란하다	信じる 믿다	がっかりする 실망하다

7 동사 Ⅱ

동사의 **ます형**+**ません** ～지 않습니다
동사의 **ない형**+**ないです** ～지 않습니다
동사의 **て형**+**て** ～하고
동사의 **た형**+**た** ～했다

동사의 기본형]+명사 ～하는, ～할
　　　た형   ～한

01 동사문의 부정형(ない형)

このバス、新宿へ行きませんか。
이 버스, 신주쿠에 안 가요?

ええ、行かないです。
네, 안 가요.

～ますの 부정표현은「～ません」입니다. '~하지 않습니다, 안 ~(스)ㅂ니다'에 해당하죠. 그런데, ～ません은「～ないです」로 바꿀 수 있습니다. ない는 '~아니다, ~지 않다'는 뜻의 い형용사이고, 공손한 표현으로 바꾸면「ないです」가 되거든요.「てんぷらではないです(덴뿌라 아니에요)」,「ゆうめいではないです(유명하지 않아요)」,「おもしろくないです(재미없어요)」처럼 명사와 형용사의 부정표현에서도「～ないです」가 왔죠?

그럼, 동사에 ない를 붙여 볼까요?「行く(가다)」와 같은 Ⅰ그룹동사는 어미를「あ단」으로 바꾸고 ない를 붙입니다.「行かない」하면 '안 가',「行かないです」하면 '안 가요'가 되는거죠.

Ⅰ	行	く	가다
		かない	안 간다, 안 가겠다, 안 갈거다
		かないです	안 갑니다, 안 가겠습니다
		きません	안 갑니다, 안 가겠습니다

94

「食べる(먹다)」와 같은 Ⅱ그룹동사는 어간에 그대로 ない를 붙입니다. 「食べない」하면 '안 먹어', 「食べないです」하면 '안 먹어요' 가 됩니다.

Ⅱ	食べ	る	먹다
		ない	안 먹는다, 안 먹겠다
		ないです	안 먹습니다, 안 먹겠습니다
		ません	안 먹습니다, 안 먹겠습니다

Ⅲ그룹동사 「する(하다)」와 「来る(오다)」는 각각 「しない(안 해), 来ない(안 와)」「しないです(안 해요), 来ないです(안 와요)」로 바뀝니다.

Ⅲ	す し	る	하다
		ない	안 한다, 안 하겠다, 안 할거다
		ないです	안 합니다, 안 하겠습니다
		ません	안 합니다, 안 하겠습니다
	来 来 来 来	る	오다
		ない	안 온다, 안 오겠다, 안 올거다
		ないです	안 옵니다, 안 오겠습니다
		ません	안 옵니다, 안 오겠습니다

➤ ごはん、食べますか。　　　식사할래요?

　いいえ、食べません。　　　아뇨, 안 먹을래요.

➤ 明日、学校へ行きますか。　　내일 학교에 갑니까?

　いいえ、授業がないので行きません。

　　　　　　　　　　　　　아뇨, 수업이 없어서 안 갑니다.

➤ 今日は会社に行かないですか。　오늘은 회사에 안 가요?

　ええ、きょうは行きません。　네, 오늘은 안 가요.

➤ 私はエレベーター(elevator)が怖いです。

　　　　　　　　　　　　　난 엘리베이터가 무서워요.

　ですから、乗らないです。　그래서, 안 탑니다.

꼼꼼체크 ✓　명사・형용사・동사의 보통체 부정형 「ない형」

명사	형용사		동사
	な형용사	い형용사	
～ではない		～くない	～ない
～이 아니다, ～지 않다		～지 않다	～지 않다

02 동사문의 연결형 (て형)

朝起きて、髪をといて、服を着て、鏡を見ます。
일어나서, 머리 빗고, 옷을 입고, 거울을 봅니다.

'일어나서, 머리 빗고, 옷을 입고'와 같이 동사를 다른 말과 연결하려면 어떻게 해야 할까요? 「てんぷらで(덴뿌라이고), ゆうめいで(유명하고)」처럼 명사와 な형용사에서는 で를 붙였죠? い형용사에서는 ~くて를 붙여 「おもしろくて(재미있고, 재미있어서)」라고 했고요. 동사도 마찬가지입니다. '~(하)고, ~(해)서'에 해당하는 「~て」를 붙입니다.

그럼, 동사에 て를 붙여 볼까요? 동사에 て를 붙일 때는 기본적으로 ~ます를 붙일 때와 같은 형태입니다. 「します(합니다)→して(하고, 해서), 食べます(먹습니다)→食べて(먹고, 먹어서)」가 되는 거죠.

> 예 する(하다)   → します(합니다)   → して(하고, 해서)
>   来る(오다)   → 来ます(옵니다)   → 来て(오고, 와서)
>   食べる(먹다) → 食べます(먹습니다) → 食べて(먹고, 먹어서)

다만, Ⅰ그룹동사 가운데 일부 동사는 발음을 좀 더 편하게 하려는 현상이 일어납니다. 예를 들어 書く(쓰다)는 「書きます(씁니다) → 書きて」 그대로 하면 목에 힘이 들어가서 발음이 어렵죠. 「書いて(쓰고, 써서)」해 보세요. 훨씬 쉽지 않나요? 이렇게 발음하기 불편한 동사를 모아봤더니 「う, つ, る, む, ぶ, ぬ, く, ぐ」로 끝나는 동사였습니다. 그래서 발음하기 쉽게 う, つ, る로 끝나는 동사는 「って」, む, ぶ, ぬ로 끝나는 동사는 「んで」, く나 ぐ로 끝나는 동사는 각각 「いで」, 「いて」로 고쳐 발음하죠. 이와 같은 현상은 우리말에서도 있는데, '먹는'을 '멍는'으로 고쳐 발음하는 식이죠. 다만, 行く는 예외적으로 「行って」라고 하니, 주의하세요.

주먹쥐고 손을 펴서

동사에 ~て를 붙이는 것이 어렵다고요? 그건 규칙을 생각하기 때문입니다. 규칙을 먼저 정하고 이렇게 해라 한 것이 아니죠? 이렇게 하니까 편하고, 모아봤더니 규칙이 되는 겁니다. 자꾸 듣고 소리 내서 반복하다 보면 굳이 규칙을 생각하지 않아도 저절로 나옵니다. 믿으세요! 자, 그럼 노래도 부르고 동작도 해가며 우리 함께 て형과 친해져 볼까요?

むすんで ひらいて
手を打って むすんで
またひらいて 手を打って
その手を 上に
むすんで ひらいて
手を打って むすんで

(주먹쥐고 손을 펴서
손뼉 치고 주먹쥐고
또다시 펴서 손뼉 치고
그 손을 위로
주먹쥐고 손을 펴서
손뼉 치고 주먹쥐고)

# 핵심문법

I 그룹동사의 て형

① 「う, つ, る」로 끝나는 동사 ➡ って

買う 사다	持つ 들다	売る 팔다
います 삽니다	ちます 듭니다	ります 팝니다
って 사고, 사서	って 들고, 들어서	って 팔고, 팔아서

② 「む, ぶ, ぬ」로 끝나는 동사 ➡ んで

読む 읽다	飛ぶ 날다	死ぬ 죽다
みます 읽습니다	びます 납니다	にます 죽습니다
んで 읽고, 읽어서	んで 날고, 날아서	んで 죽고, 죽어서

③ 「く, ぐ」로 끝나는 동사 ➡ いて, いで

書く 쓰다	脱ぐ 벗다
きます 씁니다	ぎます 벗습니다
いて 쓰고, 써서	いで 벗고, 벗어서

예외) 行く 가다
きます 갑니다
って 가고, 가서

▶ 渋谷へ行って、友達に会って、映画を見ました。
　　　　　　　　시부야에 가서, 친구를 만나(서), 영화 봤어요.
▶ お風呂に入って、ビール(beer)を飲んで寝ました。
　　　　　　　　목욕하고 맥주 마시고 잤어요.
▶ 連絡してデート(date)しました。 연락해서 데이트했어요.

꼼꼼체크 ✓ 명사 · 형용사 · 동사의 연결형(て형)

명사	형용사		동사
	な형용사	い형용사	
～で	～で	～くて	～て
～이고, ～하고, ～해서		～하고, ～해서	～하고, ～해서

목욕하기 좋아하는 사람들

일본사람들은 목욕을 엄청 자주 합니다. 하루 한번은 그저 보통이죠. '목욕하다'는 일본어로「お風呂に入る」입니다. 직역하자면 '욕조에 들어가다'가 되는 거죠. 일본이 섬나라라 습도가 높기 때문에 우리처럼 샤워 정도 가지고는 성에 안차는 거죠. 특히 비가 자주 오는 여름에는 하루라도 목욕을 거르면 찜찜할 정도입니다. 이 때문에 일본은 옛날부터 목욕문화가 발달했고, 남녀노소 온천을 즐기는 민족이 되었답니다.

시부야(渋谷)의 명물, 하치

젊음과 쇼핑의 거리 시부야역 앞의 충견 하치 동상이라면 모르는 사람이 없습니다. 하치는 언제나 해가 지면 직장에서 돌아오는 주인을 마중나왔다네요. 주인이 직장에서 죽은 것도 모르고 10년이 넘도록 언제나 같은 시간, 같은 장소에서 주인을 기다렸다는 얘기가 알려지면서 하치는 유명해졌습니다. 만남의 장소로 더 유명한 곳이지만, 넘쳐나는 인파 속에서 찾기가 만만치 않아요. 생각보다 너무 작아서 말이죠.

03 동사문의 과거형(た형)

じゃんけんぽん。
가위바위보.

やった！
이겼다.

~です의 과거형은「~でした」, ~ます의 과거형은「~ました」입니다. 이렇게 과거시제는 た가 만들죠. 그럼, 반말은 어떨까요?
명사와 な형용사에서는 '~였어, ~였다'라고 하려면「~だった」를 붙입니다.「てんぷらだった(덴뿌라였어)」,「ゆうめいだった(유명했어)」처럼요. い형용사에서는「~かった」를 붙였죠.「おもしろかった(재미있었어)」기억나세요? 동사도 마찬가지입니다. '~했어, ~했다'라고 하려면「~た」를 붙입니다.
그럼, 동사에 た는 어떻게 붙일까요? た를 붙이는 것은 て를 붙일 때와 같습니다. 마찬가지로, 일부의 Ⅰ그룹동사에서 발음을 좀 더 편하게 하려는 현상이 일어나죠. 이는 て형이나 た형처럼 't'로 시작하는 활용형과 만나면 발음하기 쉽지 않은 구조 때문입니다. た형은「~ます형, ~ない형, ~て형」과 더불어 동사를 이루는 기본적인 개념입니다. 익숙해지도록 자꾸 소리 내서 연습하세요.

Ⅰ	行く	가다	Ⅱ	食べる	먹다
	って	가고, 가서		て	먹고, 먹어서
	った	갔다, 갔어		た	먹었다, 먹었어
Ⅲ	する	하다		来る	오다
	して	하고, 해서		来て	오고, 와서
	した	했다, 했어		来た	왔다, 왔어

「오코노미야키」

오코노미야키(お好み焼き)는 우리나라의 빈대떡이죠. 밀가루 반죽에 고기와 야채, 국수를 기호에 맞게 섞어 부쳐 먹어요. 가다랭이포를 위에 살짝 얹고 소스와 마요네즈를 뿌려 먹는데, 느끼해서 싫다는 사람도 많아요.

▶ 昨日友達と渋谷へ行った。
　にぎやかだった。
　とてもよかった。
▶ 昨日、雨だった。
　彼氏とけんかした。
　早く寝た。
▶ お好み焼き、食べた。
　すごくおいしかった。

어제 친구와 시부야에 **갔어**.
떠들썩했어.
너무 **좋았어**.
어제 비가 **왔어**.
남자친구와 **싸웠어**.
일찍 **잤어**.
오코노미야키 **먹었어**.
굉장히 **맛있었어**.

꼼꼼체크 ✓ 명사·형용사·동사의 보통체 과거형 「た형」

명사	형용사		동사
	な형용사	い형용사	
~だった ~였다		~かった ~였다	~た ~였다

04 동사의 수식형

顔を洗う時にはきれいに
세수할 때는 깨끗이

동사가 뒤에 오는 명사를 수식할 때 일본어는 '기본형'으로 현재와 미래시제를 나타내고, 「た형」으로 과거시제를 나타냅니다. '가는 사람' '갈 사람'은 「行く人」이고, '간 사람'은 「行った人」가 됩니다.

➤ よくEメール(E-mail)を送る人もいます。
　　　　　　　　　　　자주 E메일을 **보내는** 사람도 있어요.

　でも、ぜんぜん**送らない**人もいます。
　　　　　　　　　　　하지만, 전혀 **보내지 않는** 사람도 있어요.

➤ 昨日**送った**Eメールを読みましたか。
　　　　　　　　　　　어제 **보낸** E메일 읽었어요?

　すみません、まだです。 미안해요. 아직요.

➤ 会社へ**行く**とき、何で行きますか。
　　　　　　　　　　　회사에 **갈** 때 뭘로 가요?

　バス(bus)で行きます。　버스로 가요.

꼼꼼체크 ✓ 동사의 수식형

과거	현재	미래
行った人	行く人	行く人
간 사람	가는 사람	갈 사람

실력체크

1 빈칸을 채워 보세요.

食べます	食べる	食べて	食べた
行きます			
	立つ		
	化粧する		
			困った
		愛して	
	走る		
			考えた

📝 Word
化粧する 화장하다 | 困る 곤란하다 | 走る 달리다 | 考える 생각하다

2 「〜て」형을 써서 다음을 한 문장으로 만들어 보세요

> 渋谷へ行きます。友達に会います。映画を見ます。 보기
> → 渋谷へ行って友達に会って映画を見ます。

① 銀座へ行きました。友達を呼びました。買い物をしました。

→ _____ 。

② コンビニ(convenience store)へ行きます。カード(card)を買います。電話をします。

→ _____ 。

③ 映画館を出ます。バス(bus)に乗ります。駅まで行きます。

→ _____ 。

3 다음을 같은 뜻을 가진 문장으로 만들어 보세요.

> このバスは銀座へ行きます。
> → これは銀座へ行くバス(bus)です。   보기

① この写真は昨日撮りました。

→ _____ 。

② 明日この温泉に友達と行きます.

→ _____ 。

③ このデパート(departmet store)は新宿にもあります。

→ _____ 。

4 잘못된 부분을 바르게 고쳐 보세요.

① 昨日飲むワイン(wine)はとてもおいしかったです。
② インターネット(internet)を使いてレポート(report)を出します。
③ ごはんはあまり外では食べます。
④ 札幌の雪はとてもきれかったです。
⑤ 昨日友達が来る時、私はいませんでした。

덤으로 배우는 한자

軽	음 けい 경 훈 かるい 가볍다	けいりょう 軽量 경량
決	음 けつ 결 훈 きめる 정하다 きまる 정해지다	けってい 決定 결정
結	음 けつ 결 훈 むすぶ 잇다, 맺다, 묶다	けっこん 結婚 결혼
月	음 げつ 월, 개월 　 がつ 월	げつようび　さんげつ 月曜日 월요일 三か月 3개월 さんがつ 三月 3월
見	음 けん 견 훈 みる 보다 みえる 보이다 みせる 보여주다	いけん 意見 의견
建	음 けん 건 훈 たてる 세우다	けんちく 建築 건축 たてもの 建物 건물
言	음 げん 언 훈 いう 말하다 こと 말	げんご 言語 언어 ことば 言葉 말
現	음 げん 현 훈 あらわれる 나타나다 あらわす 나타내다	げんだい 現代 현대
減	음 げん 감 훈 へる 줄다 へらす 줄이다	げんしょう 減少 감소
兄	음 きょう 형 けい 형 훈 あに 형, 오빠	きょうだい　ふけい 兄弟 형제 父兄 부형

8 동사 Ⅲ

1. 동사의 ます형을 사용한 표현
2. 동사의 ない형을 사용한 표현
3. 동사의 た형을 사용한 표현

핵심문법

01 동사의 ます형을 사용한 표현

동사 ます형 +
- ませんか　　~지 않겠습니까?
- ましょう　　~(으)ㅂ시다
- ましょうか　~(으)ㄹ까요?
- たいです　　~고 싶습니다
- やすいです　~기 쉽습니다
- にくいです　~기 어렵습니다
- そうです　　~(으)ㄹ 것 같습니다
- なさい　　　~해요(명령)
- 始めました　~기 시작했습니다
- 続けました　계속해서 ~했습니다
- 終わりました　다 ~했습니다
- ながら　　　~(으)면서
- すぎました　너무 ~했습니다
- に　　　　　~(으)러
- 方(かた)　　~하는 방법

1 飲みませんか (Would~)
마시지 않을래요?

동사의 ます형에 「～ませんか」를 붙이면 '~지 않을래요?' 가 됩니다. 상대방의 의향을 물을 때 쓰는 표현이죠.

▶ ちょっと休みませんか。　잠깐 쉬지 않을래요?
　ええ、そうしましょう。　네, 그럽시다.

2 飲みましょうか (Shall~)
마실까요?

飲みましょう (Let's~)
마십시다

동사의 ます형에 「～ましょうか」를 붙이면 '~(으)ㄹ까요?' 가 됩니다. 이 말도 상대방의 의향을 물을 때 쓰는 표현입니다. 그런데, 「～ましょうか」는 우회적으로 묻는 「～ませんか(~지 않을래요?)」 보다 훨씬 적극적인 권유표현입니다.
「～ましょう」는 '~(으)ㅂ시다' 라는 뜻입니다.

▶ きょう一杯やりましょうか。　오늘 한잔 할까요?
　ええ、やりましょう。　네, 합시다.

> **일본어는 '하다' 가 둘?**
> [やる]와 [する]는 우리말로 다 '하다' 지만, 일본어에서는 의지적인 동작에는 [やる]를, 무의지적인 동작에는 「する」를 많이 씁니다. 예를 들어 하품, 기침, 재채기와 같이 감각적인 현상에는 「する」를 씁니다.
> 例 わたしがやってみます。　내가 해 보겠습니다.
> 　あくびをしましたか。　하품했어요?

핵심문법

3 飲みたいです
마시고 싶어요

동사의 ます형에「〜たいです」를 붙이면 '〜(하)고 싶어요'가 됩니다. 말하는 사람의 욕구나 희망을 나타내는 표현이죠. 부정표현 '〜(하)고 싶지 않아요'는「〜たくないです」입니다.

➤ 何を飲みたいですか。　　　뭘 마시고 싶어요?
　ビール(beer)を飲みたいです。　맥주 마시고 싶어요.
➤ 今日はなぜか何も食べたくないです。　오늘은 왠지 아무것도 먹고 싶지 않아요.

4 飲みやすいです
마시기 쉬워요

飲みにくいです
마시기 힘들어요

그렇게 하기가 쉽다고 말할 때는 동사의 ます형에「〜やすい」, 어렵다고 말할 때는「〜にくい」를 붙입니다. 또 뒤에 です만 붙이면 공손한 표현이 됩니다.
「やすい」는 '쉽다',「にくい」는 '어렵다'는 형용사에요.

➤ このアパートは住みやすいですが、あのアパートは住みにくいです。
　　　　　　이 아파트는 살기 편하지만, 저 아파트는 살기 불편해요.
➤ ちょっと言いにくいですが…。좀 말하기 어려운데요….
➤ このボールペン(ball pen)は書きやすいです。
　　　　　　이 볼펜은 쓰기 편해요.
➤ この本は字が小さくて、読みにくいです。
　　　　　　이 책은 글씨가 작아서 읽기 어려워요.

5 飲みそうです
마실 것 같아요

동사의 ます형에 「～そうです」를 붙이면 '~(으)ㄹ것 같아요, ~(으)ㄹ모양이에요'가 됩니다. 주로 눈앞에 보이는 사물의 느낌이나 모양을 직관적인 느낌 그대로 말할 때 쓰는 표현이죠.

➤ 暗いですね。 　　　　　　　　　　　　　　어둡네요.
　ええ、雨が降り**そうです**ね。　　　　　　　네, 비가 올 **것 같군요**.
➤ さむくなりますね。かぜをひき**そうです**。　추워지네요. 감기들 **것 같아요**.
➤ あ、袋が破れ**そうです**よ。　　　　　　　　어, 봉투가 찢어질 **것 같아요**.

6 飲みなさい
마셔요

동사의 ます형에 「～なさい」를 붙이면 명령표현 '~해요'가 됩니다. 허물없는 사이라면 모를까 실례되는 표현이므로 일반적으로는 「～てください(~하세요)」를 씁니다.

➤ こんにちは。　　　　　　　　　　　　안녕하세요.
　こんにちは。どうぞお入り**なさい**。　안녕하세요. 어서 들**어와요**.
➤ よく聞き**なさい**。　　　　　　　　　잘 들**어요**.
➤ 質問に答え**なさい**。　　　　　　　　질문에 대답**하세요**.

콕콕 핵심문법

> **どうぞ와 どうも면 일본어 다 된다!**
>
> どうぞ와 どうも만큼 간단하면서도 요긴한 일본어가 또 있을까요? 상대방에게 뭔가 권할 때는 무조건 「どうぞ」 하세요. 예를 들어, 손님이 찾아왔을 때 입구에서 반갑게 「どうぞ」 하면 '들어오라'는 뜻이 됩니다. 음식을 가리키며 말하면 '드세요', 자리를 가리키며 말하면 '앉으세요'가 됩니다. 또 상대방한테 뭔가 건네줄 때 쓰면 '받으세요'라는 뜻이 됩니다. 정말 쉽죠?
>
> 그리고, どうも는 감사표현 '고마워요'라는 뜻입니다. 우리는 「ありがとうございます」를 더 잘 알고 있지만 실제로는 「どうも」를 훨씬 잘 씁니다. 상대방이 뭔가 권하면서 「どうぞ」 하면 무조건 「どうも」 하세요. 그리고, 「どうも」는 '안녕하세요, 안녕히 계세요'를 대신하는 인사말로도 쓸 수 있어요.

7

飲み始めました
마시기 시작했어요

飲み続けました
계속해서 마셨어요

飲み終わりました
다 마셨어요

始める는 '시작하다', 続ける는 '계속하다', 終わる는 '끝내다'란 뜻입니다. 각각 동사의 ます형에 붙어 어떤 행동의 시작이나 계속, 끝을 나타내는 복합어가 되죠.

▶ 夕食は6時から食べ始めました。　　저녁은 6시부터 먹기 **시작했어요**.
　8時頃までずっと食べ続けました。　8시쯤까지 계속해서 **쭉** 먹었**어요**.
　9時になってから食べ終わりました。9시가 되서야 **다** 먹었**어요**.

8 飲みながら
마시면서

동사의 ます형에 「〜ながら」를 붙이면 '〜(하)면서'가 됩니다. 두가지 일을 동시에 할 때 쓰는 표현이죠.

➤ 歩きながら 考えますか、考えながら歩きますか。

                                          걸으**면서** 생각해요, 생각하**면서** 걸어요?

    どうですかね。   글쎄요.

➤ テレビを見**ながら**ごはんを食べます。   TV 보**면서** 밥을 먹어요.
➤ どこかでお茶を飲み**ながら**話しませんか。

                                     어디서 차 마시**면서** 얘기하지 않을래요?

9 飲みすぎました
너무 많이 마셨어요

す(過)ぎる는 '지나치다, 지나다, (수준, 정도를) 넘다' 라는 뜻입니다.
동사의 ます형에 붙어 어떤 상태가 도를 지나쳤다고 말할 때 쓰는 표현이죠.

➤ どうしたんですか。   왜 그러세요?
    食べ**すぎ**たんです。   **너무 많이** 먹었어요.
➤ お酒を飲み**すぎ**て、頭が痛いです。   술을 **너무 많이** 마셔서, 머리가 아파요.
➤ 歩き**すぎ**たから、疲れました。   **너무 많이** 걸어서 피곤해요.

콕콕 핵심문법

❓ 「行きますか」와 「行くんですか」의 차이는?

「行きますか」는 단순히 가느냐 안가느냐를 물어 보는 말입니다.
반면, 「行くんですか」는 좀 뉘앙스가 달라요.
「～んですか」는 '～(인) 것입니까?' 라는 뜻입니다. '멋진 차네요. 언제 산 거예요?' 처럼 말하는 사람이 상대방한테 어떤 일에 대한 이유를 묻거나 그에 대답을 할 때 주로 쓰는 표현이죠.

예)
すてきな車ですね。　　멋진 차네요.
いつ買ったんですか。　언제 산 거예요?
先週買ったんです。　　지난 주에 샀어요.

10 飲みに行きました
마시러 갔어요

동사의 ます형에 「～に」를 붙이면 '～(하)러' 가 됩니다. 어떤 동작에 대한 목적을 나타내는 표현으로, '가다, 오다' 와 같은 이동을 나타내는 동사와 주로 쓰입니다.

▶ ひるごはん、食べに行きませんか。　　점심 먹으러 안 갈래요?
　 ええ、行きましょう。　　　　　　　　네, 갑시다.
▶ 横浜へ遊びに行きませんか。　　　　　요코하마에 놀러 안 갈래요?
　 いいですね。　　　　　　　　　　　　좋아요.
▶ どこへ行きますか。　　　　　　　　　어디 가요?
　 銀行へお金を下ろしに行きます。　　　은행에 돈 찾으러 가요.

11 飲み方
마시는 법

동사의 ます형에「～方」를 붙이면「～(하)는 방법」을 나타내는 복합명사가 됩니다.

➤ 鈴木さん、この漢字の読み方、わかりますか。
　　　　　　　　　　　　스즈키 씨, 이 한자 읽는 법 알아요?
　わかりませんが。　　　모르는데요.

➤ 花子さん、ファックス(fax)の送り方、ちょっと教えてくれませんか。
　　　　　　　　　　　　하나코 씨, 팩스 보내는 법 좀 가르쳐 주지 않을래요?
　いいですよ。　　　　　알았어요.

12 飲み
마시기, 마심

「飲み」,「行き」처럼 일부의 동사는 ます형 그 자체로 명사가 됩니다.

➤ この電車は渋谷行きです。　　　이 전철은 시부야행입니다.
➤ はじめからおわりまで。　　　　처음부터 끝까지.
➤ 休みの日は何をしますか。　　　휴일에는 뭐 해요?

8. 동사 Ⅲ　113

02 동사의 ない형을 사용한 표현

동사의 ない형 +
- ないでください　　～지 마세요
- なくてもいいです　　～지 않아도 됩니다
- なければなりません　～(여)야 합니다

1 飲まないでください
마시지 마세요

동사의 ない형에 「～ないでください」를 붙이면 정중한 금지표현 '～하지 마세요'가 됩니다.

▶ ここで写真を撮ってもいいですか。　　여기서 사진 찍어도 돼요?
　 すみません。写真は撮らないでください。　미안합니다. 사진은 찍지 마세요.
▶ 飲みすぎないでください。　　과음하지 마세요.
▶ ファーストフード(fastfood)は食べないでください。 패스트푸드는 먹지 마세요.

❗ 주변에서 흔히 보는 금지표현

- ここにごみを捨てないでください。　여기에 쓰레기 버리지 마세요.
- 芝生の中に入らないでください。　잔디밭에 들어가지 마세요.
- ここではたばこを吸わないでください。　여기서는 담배 피우지 마세요.

2 飲まなくてもいいです

마시지 않아도 돼요

동사의 ない형에 「〜なくてもいいです」를 붙이면 '〜하지 않아도 돼요'가 됩니다. 그렇게 할 필요가 없다, 그렇게 할 의무가 없다는 표현이죠.

➤ ここにお名前とご住所をお願いします。　여기에 성함과 주소를 부탁합니다.
　電話番号も書きましょうか。　　　　　　전화번호도 쓸까요?
　いいえ、電話番号は書かなくてもいいです。아뇨, 전화번호는 쓰지 않아도 됩니다.

➤ 会議に出なくてもいいですか。ちょっと頭が痛いんです。
　　　　　　　　　　　　　　　회의에 참석하지 않아도 될까요? 머리가 좀 아파서요.

➤ 今度の金曜日は仕事に行かなくてもいいです。
　　　　　　　　　　　　　　　이번 금요일에는 일하러 안 가도 돼요.

3 飲まなければなりません

마셔야 해요

'그렇게 하는 것이 당연하다, 그렇게 해야 할 의무가 있다'고 하려면 동사의 ない형에 「〜なければなりません(〜해야 해요, 〜하지 않으면 안 돼요)」를 붙입니다.

➤ 8時までに帰らなければなりません。　　8시까지 가야 돼요.
　ええ、わかりました。　　　　　　　　네, 알겠습니다.

➤ 土曜日までにこの本を返さなければなりませんか。
　　　　　　　　　　　　　　　토요일까지 이 책을 반납해야 돼요?
　いいえ、土曜日までに返さなくてもいいです。
　　　　　　　　　　　　　　　아니요, 토요일까지 반납 안 해도 돼요.

➤ 大人は子供を守らなければなりません。　어른은 아이를 보호해야 해요.

03 동사의 た형을 사용한 표현

동사의 た형 +
- ことがあります　　　~(으)ㄴ 적이 있습니다
- 方(ほう)がいいです　　　~는 게 낫습니다
- たり〜たりしました　　~기도 하고 ~기도 했습니다
- ばかりです　　　　　~(으)ㄴ 지 얼마 안 되었습니다

1 飲んだことがあります
마신 적이 있어요

동사의 た형에 「〜たことがあります」를 붙이면 '〜한 적이 있어요'가 됩니다. 어떤 일에 대한 경험을 말할 때 쓰는 표현이죠. 「こと」는 '일, 것'을 뜻하는 형식명사지만, 경험을 말할 때는 '〜(한) 적'을 뜻합니다.

▶ 新幹線(しんかんせん)に乗(の)ったことがありますか。　　신칸센, 탄 적 있어요?
　ええ、一度(いちど)乗ったことがあります。　　네, 한 번 탄 적 있어요.
▶ 奈良(なら)へ行ったことがありますか。　　나라에 가 본 적 있어요?
　いいえ、まだ行ったことがありません。　　아뇨, 아직 가 본 적 없어요.
▶ 歌舞伎(かぶき)を見たことがありますか。　　가부키 본 적 있어요?
　ええ、ありますよ。　　네, 있어요.

2 飲んだ方がいいです
마시는 게 나아요

동사의 た형에「〜た方がいいです」를 붙이면 '~하는 게 나아요, ~하는 게 좋아요'가 됩니다. 상대방에게 충고나 조언할 때 쓰는 표현이죠.「方」는 음독「ほう」라고 읽으면 '~쪽, ~편'이 되고, 훈독「かた」라고 읽으면 '방법'이 됩니다. 예「飲み方(마시는 법)」

▶ どうしましたか。 어떻게 오셨어요?
　熱があります。それから鼻水が出ます。 열이 있습니다. 그리고 콧물이 나와요.
　風邪ですね。休んだ方がいいですよ。 감기로군요. 쉬는 게 좋아요.
▶ 道が込んでいますから、地下鉄で行った方がいいです。
　　　　　　　　　　　　　　　길이 막히니까, 지하철로 가는 게 낫겠어요.

3 食べたり飲んだりしました
먹기도 하고 마시기도 했어요

동사의 た형에「〜たり〜たりします」를 붙이면 '~하기도 하고 ~하기도 해요'가 됩니다. 많은 동작 가운데 대표적인 것을 예로 들 때 쓰는 표현이죠. 형태는 과거형이지만 우리말로 옮길 때는 현재가 되니 주의하세요. 또, 많은 물건 속에 대표적인 것을 예로 들 때 쓰는「〜や〜や〜など」와 구별해 기억하세요.

▶ 日曜日は何をしますか。 일요일에는 뭘 하세요?
　ビデオを見たり、友達に会ったりします。
　　　　　　　　　　　　　비디오를 보거나, 친구를 만나거나 합니다.
▶ 先週の日曜日は何をしましたか。 지난 일요일에는 뭘 하셨어요?
　本を読んだり、買い物に行ったりしました。
　　　　　　　　　　　　책을 읽거나 쇼핑을 하거나 했습니다.

> **왔다리 갔다리(?)**
>
> 「～たり～たり」하면 「왔다리 갔다리(?)」가 먼저 떠오르지 않나요? 그런데 이 말은 일본어 「行ったり来たり (왔다갔다)」를 잘못 쓴 예입니다. 일본어는 우리와 순서가 바꿔「갔다왔다」라고 합니다. 정말 왔다갔다 하죠?

4 飲んだばかりです
마신지 얼마 안 되었어요

동사의 た형에「～たばかりです」를 붙이면 '~한지 얼마 안 되었어요, 막 ~했어요' 가 됩니다. 어떤 동작이 끝나거나, 시작한 지 얼마 안 되었음을 나타내고 있죠.

「ばかり」는 원래 '정도, 만' 을 가리키는 조사지만, 여기서는 た형에 붙어 '막, 방금' 이라는 뜻으로 쓰였습니다.

➤ いつ来ましたか。 언제 왔어요?
　今来たばかりです。 지금 막 왔습니다.
➤ ケーキ、どうぞ。 케이크 드세요.
　さっきご飯を食べたばかりです。 밥 먹은지 얼마 안 됐어요.

콕콕 실력체크

1 ( )안의 어휘를 적당한 형태로 고쳐 보세요.

① 食事を_____話しませんか。(する)
식사하면서 얘기하지 않을래요?

② このマニュアル(manual)は_____です。(分かる)
이 설명서는 이해하기 어렵습니다.

③ この話は前に_____ことがあります。(聞く)
이 얘기는 전에 들은 적이 있습니다.

④ 12時にロビー(lobby)で_____。(会う)
12시에 로비에서 만납시다.

⑤ 楽な椅子に_____です。(座る)
편한 의자에 앉고 싶습니다.

⑥ ここで_____、もうすこし_____。(休む、行く)
여기서 쉴까요? 좀 더 갈까요?

⑦ ドライブ(drive)に_____。(行く)
드라이브하러 가지 않을래요?

⑧ 日本料理を_____来ました。(習う)
일본 요리를 배우러 왔습니다.

⑨ この歌は_____です。(はやる)
이 노래는 유행할 것 같습니다.

⑩ この電子レンジ(range)の_____、分かりますか。(使う)
이 전자렌지 사용법, 아세요?

8. 동사 Ⅲ 119

2 다음 대화를 완성해 보세요.

① A ファックス(fax)を送りましたか。
　B ええ、10分前に _____ ばかりです。

② A 電車の中でたばこを _____ ください。
　B あ、すみません。

③ A 会社で男の人はネクタイ(necktie)をしめなくてもいいですか。
　B いいえ、男の人は _____ なりません。

④ A もう7時ですね。会議に間に合うでしょうか。
　B そうですね。タクシー(taxi)に _____ ほうがいいですね。

⑤ A コーヒー(coffee)でも飲みませんか。
　B ありがとう。でも、今は何も _____ 。

덤으로 배우는 한자

後
- 음: ご 후
- 훈: うしろ 뒤　あと 나중
- 午後(ごご) 오후

口
- 음: こう 구
- 훈: くち 입, 입구
- 人口(じんこう) 인구
- 入口(いりぐち) 입구, 出口(でぐち) 출구

広
- 음: こう 광
- 훈: ひろい 넓다　ひろがる 넓어지다　ひろげる 넓히다
- 広告(こうこく) 광고

行
- 음: こう 행　ぎょう 행
- 훈: いく 가다　おこなう 행하다
- 旅行(りょこう) 여행　行事(ぎょうじ) 행사

高
- 음: こう 고
- 훈: たかい 높다　たかまる 높아지다　たかめる 높이다
- 高校(こうこう) 고등학교

降
- 음: こう 강
- 훈: おりる (탈 것에서)내리다　おろす (탈 것에서)내리게 하다　ふる (비, 눈)내리다
- 下降(かこう) 하강

国
- 음: こく 국
- 훈: くに 나라
- 韓国(かんこく) 한국

左
- 음: さ 좌
- 훈: ひだり 왼쪽
- 左右(さゆう) 좌우

細
- 음: さい 세
- 훈: ほそい 가늘다　こまかい 세세하다, 잘다
- 詳細(しょうさい) 상세

作
- 음: さく 작　さ 작
- 훈: つくる 만들다
- 作品(さくひん) 작품　作業(さぎょう) 작업

9 동사 IV

1. 동사의 て형을 사용한 표현
2. 동사의 기본형을 사용한 표현
3. 동사의 종지형을 사용한 표현
4. 동사의 의지형을 사용한 표현

01 동사의 て형을 사용한 표현

동사의 て형 +
- ています　　　　～하고 있습니다, ～해져 있습니다
- てあります　　　～해져 있습니다
- てみます　　　　～해 보겠습니다
- ておきました　　～해 뒀습니다
- てください　　　～해 주세요, ～하세요
- てくださいませんか　～해 주지 않겠습니까?
- てもいいです　　～해도 됩니다
- てはいけません　～하면 안 됩니다
- てほしいです　　～해 주길 바랍니다
- てしまいました　～하고 말았습니다
- てから　　　　　～하고 나서

1
飲んでいます
마시고 있어요

起きています
일어나 있어요

동사의 현재진행형은 어떻게 나타낼까요? て형에 「〜ています」를 붙이면 됩니다. '마시고 있어요'는 「飲んでいます」, '기다리고 있어요'는 「待っています」가 되는거죠. 그런데, 「〜ています」는 「起きています(일어나 있어요)」나 「残っています(남아 있어요)」 같이 어떤 동작이 끝난 결과의 상태를 나타낼 때도 쓰입니다.

이는 「食べる」, 「飲む」와 같이 계속성을 띠는 동사와 쓰이면 현재 진행중인 상태, 「起きる, 立つ」처럼 순간적으로 동작이 끝나는 동사와 쓰이면 결과의 상태를 말하게 되는 거죠.

▶ 今何をしていますか。　　　　　　지금 뭘 하고 있어요?
　コンピューターゲーム(computer game)をやっています。
　　　　　　　　　　　　　　　　　컴퓨터 게임 하고 있어요.

▶ いくら残っていますか。　　　　　얼마 남아 있어요?
　1000円です。　　　　　　　　　천엔이요.

2
書いてあります
써져 있어요

동사의 て형에 「〜てあります」를 붙이면 '〜(해)져 있어요, 〜되어 있어요'가 됩니다. 의도된 행동 때문에 생긴 결과를 나타내는 수동문인 거죠. 현재 진행형 '쓰고 있어요'라고 하려면 「書いています」 수동형 '써져 있어요' 하려면 「書いてあります」 하면 됩니다.

콕콕 핵심문법

> かばんに名前(なまえ)が書いてあります。　　가방에 이름이 써져 있어요.
> 窓(まど)が開(あ)けてあります。　　창문이 열려 있습니다.
> つめきり、どこにありますか。　　손톱깎기 어딨어요?
> 一番下(いちばんした)の引(ひ)き出(だ)しに入(い)れてあるでしょう。　　맨아래 서랍에 들어 있잖아.

❗ '있다'도 둘? '없다'도 둘?

「있다」는 일본어로 「ある」와 「いる」 두 가지입니다. 무생물이나 식물의 존재를 말할 때는 「ある」를 써서, 「あります(있어요) ありません(없어요)」라고 합니다. 그런데, 사람이나 동물의 존재를 말할 때는 いる를 써서, 「います(있어요) いません(없어요)」라고 합니다.

- カラオケはあります。でも、パチンコはありません。
  가라오케는 **있어요**. 하지만, 파칭코는 **없어요**.
- 猫(ねこ)はいます。でも、犬(いぬ)はいません。 고양이는 **있어요**. 하지만, 개는 **없어요**.

3 飲んでみます
마셔 볼게요

동사의 て형에 「～てみます」를 붙이면 '~해 볼게요'가 됩니다. 어떤 동작을 시험삼아 해 볼 때 쓰는 표현이죠. 그리고 여기 쓰인 「みる」는 히라가나로 씁니다. 「みる」가 '시도하다'라는 보조동사로 쓰였기 때문이죠.

> 鈴木(すずき)さんに一度(いちど)会(あ)ってみます。　　스즈키 씨를 한번 만나 볼게요.
> 私(わたし)がやってみます。　　제가 해 볼게요.
> 早(はや)く行ってみたいです。　　빨리 가보고 싶어요.

4 飲んでおきました
마셔 뒀어요

'~해 뒀어요'라고 하려면 동사의 て형에 「~ておきました」를 붙이면 됩니다. 미리 어떤 조치를 해 놓았다는 뜻이 되는 거죠. 여기 쓰인 「おく」도 보조동사로 쓰였기 때문에 히라가나로 씁니다.

➤ 明日とあさっての予約はしましたか。　　　내일과 모레의 예약은 했어요?
　　ええ、全部しておきました。　　　　　　네, 전부 해 뒀어요.
➤ Eメールアドレス(Email address)も書いておきましたか。
　　　　　　　　　　　　　　　　　　　　e메일 주소도 적어 뒀어요?
➤ 窓を閉めましょうか。　　　　　　　　　창문을 닫을까요?
　　いいえ、そのまま開けておいてください。　아뇨, 그대로 열어 두세요.

5 飲んでください
마시세요

飲んでくださいませんか
마시지 않을래요?

동사의 て형에 「~てください」를 붙이면 '~해 주세요, ~하세요'가 됩니다. 상대방한테 의뢰하거나 부탁할 때 흔히 쓰는 표현이죠. 「飲みなさい」는 허물없는 관계에서 쓴다고 했죠? 「~てください」를 보다 공손하게 표현하려면 「~てくださいませんか(~하지 않을래요?)」라고 하면 돼요.

➤ すみませんが、駅はどこですか。　　　　실례지만, 역이 어디예요?
　　まっすぐ行って右に曲がってください。　곧장 가서 오른쪽으로 도세요.

 핵심문법

➤ すみませんが、ちょっと手伝ってください。
　　　　　　　　　　　　　　　미안한데요, 좀 도와 주세요.
➤ すみませんが、電気をつけてくださいませんか。
　　　　　　　　　　　　미안하지만, 불 좀 켜 주시지 않을래요?

6 飲んでもいいですか
마셔도 돼요?

동사의 て형에 「～てもいいですか」를 붙이면 상대방에게 허락을 구하는 '~해도 돼요?'가 됩니다. 이 질문에 대해 허락해 줄 때는 「～てもいいです」나 「どうぞ」로 대답하면 됩니다.

➤ 電話使ってもいいですか。　　　전화 좀 써도 돼요?
　 はい、どうぞ。　　　　　　　네, 쓰세요.
➤ 先に帰ってもいいですか。　　　먼저 가도 돼요?
➤ 木村さんも呼んでもいいですか。　기무라 씨도 불러도 돼요?

7 飲んではいけません
마시면 안 돼요

'~하면 안 돼요'라고 하려면 동사의 て형에 「～てはいけません」을 붙이면 됩니다. 상대방의 행동에 대한 금지표현이죠.

➤ 駐車場で遊んではいけません。　주차장에서 놀면 안 돼요.
➤ たばこを吸ってはいけません。　담배 피우면 안 돼요.
➤ ここに車を止めてはいけません。여기에 주차하면 안 돼요.

8 飲んでほしいです
마셔 주길 바래요

동사의 て형에 「〜てほしいです」를 붙이면 '〜해 줬으면 해요, 〜해 주길 바래요'가 됩니다. 상대방이 이렇게 해 줬으면 하는 바람을 나타내는 표현이죠.
「ほしい」는 '갖고 싶다' 라는 뜻으로, 말하는 사람의 욕구나 희망을 나타낼 때 씁니다.

▶ あなたにぜひ来てほしいです。　　　당신이 꼭 와 **주길** 바랍니다.
▶ もう一度 話を聞いてほしいです。　　다시 한번 이야기를 들어**줬으면** 합니다.
▶ ちょっと手伝ってほしいんですが。　 좀 거들어**줬으면** 하는데요.

💡 こいびとよ 아세요?

가라오케의 간판 노래. 애절하게 폼 한번 잡아볼만한 곡. 이츠와 마유미(五輪眞弓)의 「恋人よ(사랑하는 사람이여)」를 소개합니다~

恋人よ そばにいて	사랑하는 사람이여 곁에 있어줘요
こごえる 私のそばにいてよ	떨고 있는 내 곁에 있어줘요
そしてひとこと　この別ればなしが	그리고 한마디 헤어지자는 건
冗談だよと 笑ってほしい	농담이라고 웃**어 줘요**

9 飲んでしまいました
다 마셔 버렸어요, 마시고 말았어요

「〜てしまいます」는 두가지 뜻으로 쓰입니다. 「読んでしまいました(다 읽어 버렸어요)」하면 적극적으로 어떤 일을 끝냈다는 뜻이고, 「忘れてしまいました(잊어 버렸어요)」하면 어떤 일에 대한 결과가 처음 의도와 달라져 유감스럽다는 뜻입니다.
「しまう」는 '끝내다, 치우다'를 뜻하는 동사입니다.

➤ 傘を忘れてしまいました。　　　　　　　우산을 (갖고 오는 것을) 잊**어버렸어요**.
➤ コンピューターがこわれてしまいました。　컴퓨터가 망가지**고 말았어요**.
➤ 終わりまで本を読んでしまいました。　　　끝까지 책을 다 읽**어 버렸어요**.

10 飲んでから
마시고 나서

동사의 て형에「〜てから」를 붙이면 '〜하고 나서'가 됩니다. '먹고 하세요' 처럼 앞의 동작이 끝난 뒤, 다음 동작을 할 때 쓰는 표현이죠.

➤ この薬は食事をしてから飲んでください。　이 약은 식사를 하**고 나서** 드세요.
➤ 日本に来てから、1年になります。　　　　일본에 **온 지**, 1년이 됩니다.
➤ うちへ帰ってから、何をしますか。　　　　집에 **가서** 뭘 해요?

💡 약 마시라고?

食べる(먹다)와 飲む(마시다)는 우리말과 약간의 차이가 있습니다. 우리말은 '약 먹다' 라고 하죠? 일본어는 飲む를 써서「薬を飲む」라고 합니다. 또, '물먹다, 물 마시다, 술먹다, 술마시다' 같이 우리말은 먹다와 마시다를 구분없이 쓰고 있지만, 일본어는「お水を飲む, お酒を飲む」해서「飲む」를 쓰죠. 즉, 씹지 않고 목으로 그냥 넘기는 것은 모두「飲む」를 씁니다.

02 동사의 기본형을 사용한 표현

동사의 기본형 + ことができます   ~(으)ㄹ 줄 압니다, ~(으)ㄹ 수 있습니다
　　　　　　　　まえ
　　　　　　　　前に　　　　　　~기 전에

*동사의 기본형은 사전형을 말입니다

1 飲むことができます
마실 줄 알아요

동사의 기본형에 「~ことができます」를 붙이면 '~할 줄 알다, ~할 수 있다'가 됩니다.
어떤 일에 대한 능력이나 가능성 여부를 나타냅니다.

> うんてん
> 運転することができますか。　　　　　운전 할 **줄 알아요**?
> いいえ、できません。　　　　　　　　아뇨, 못해요.
> にほんご　　でんわ
> 日本語で電話をかけることができますか。　일본어로 전화 할 **줄 알아요**?
> ええ、できますよ。　　　　　　　　　네, 할 수 있어요.

9. 동사Ⅳ 131

콕콕 핵심문법

? 목적격 조사로「が」를 취하는 동사

우리말과 달리,「できる(할 수 있다), 上手だ(잘하다), 下手だ(서툴다), わかる(알 수 있다), 好きだ(좋아하다), 嫌いだ(싫어하다)」처럼 기호나 능력을 나타내는 동사나 형용사는 목적어를 나타낼 때 조사「が」를 쓰니까 주의하세요.

➤ 日本語が 上手ですね。　　　　　　일본어를 잘하시네요.
➤ この言葉の意味がよくわかりません。　이 말 뜻을 잘 모르겠어요.
➤ お酒が好きですか。　　　　　　　　술을 좋아하세요?

2 飲む前に
마시기 전에

동사의 기본형에「～前に」를 붙이면 '~하기 전에'가 됩니다. '술 마시기 전에 전화주세요'는「お酒を飲む前にお電話ください」가 됩니다.

➤ いつも食事をする前に、ジョギング(jogging)に行きます。
　　　　　　　　　　　　　늘 식사하기 **전에**, 조깅하러 갑니다.
➤ 寝る前に、本を読みます。　　　자기 **전에** 책 봐요.
➤ うちへ来る前に、電話してください。　우리집에 오기 **전에** 전화해 주세요.

03 동사의 종지형을 사용한 표현

동사의 종지형 +
- ことになりました　　~게 되었습니다
- ことにしました　　　~기로 했습니다
- つもりです　　　　　~(으)ㄹ 생각입니다
- そうです　　　　　　~(으)ㄴ다고 합니다
- ようです　　　　　　~는 것 같습니다
- みたいです　　　　　~는 것 같습니다
- らしいです　　　　　~는 모양입니다
- と思います　　　　　~라고 생각합니다, '~ㄹ 겁니다

'ㅂ니다' 나 '~아/어요'로 끝나는 「です、ます」는 정중한 표현입니다. 그런데 「です、ます」는 문장 안에서 다른 표현과 붙어 다닐 수 없죠? 이 때 쓰이는 것이 종지형입니다. '~다'나 '~아/어'로 끝나는 반말인 셈이죠. 동사에서는 지금까지 배운 기본형, ない형, た형이 종지형에 해당됩니다. 예를 들어 「飲む 마시다」의 종지형은 「기본형인 飲む, ない형인 飲まない(안 마시다), た형인 飲んだ(마셨다), 飲まなかった(안 마셨다)」입니다.

꼼꼼체크 ✓　동사의 종지형

	긍정	부정
현재	飲む (기본형)	飲まない (ない형)
과거	飲んだ (た형)	飲まなかった (た형)

콕콕 핵심문법

1

飲むことになりました
마시게 되었어요

飲まないことになりました
마시지 않게 되었어요

동사의 종지형에 「ことになりました」를 붙이면 '~하게 되었어요.' 가 됩니다. 어떤 사정으로 인해 그렇게 되었다고 말할 때 쓰는 표현이죠.

➤ 今年から大阪へ行くことになりました。　　올해부터 오사카로 가**게 되었어요**.
➤ 来月帰国することになりました。　　다음 달에 귀국하**게 되었어요**.
➤ 本社から、新しい課長が来ることになりました。
　　　　　　　　　　　　　　　　　　본사에서 새 과장님이 오**게 되었어요**.

2

飲むことにしました
마시기로 했어요

飲まないことにしました
마시지 않기로 했어요

동사의 종지형에 「ことにしました」를 붙이면 '~하기로 했어요' 가 됩니다.
「ことにしました」는 어떤 사정으로 인한 「ことになりました(하게 되었어요)」와 달리, 자기 의지로 어떤 결심을 했을 때 쓰는 표현이죠. 여기서 「する」는 '결정하다, 정하다' 는 뜻입니다.

➤ 今年から、たばこをやめることにしました。　올해부터 담배를 끊**기로 했어요**.
➤ 来月引っ越しすることにしました。　다음 달에 이사**기로 했어요**.
➤ 日曜日は山に登ることにしました。　일요일에는 산에 오르**기로 했어요**.

3

飲むつもりです
마실 **생각이에요**

飲まないつもりです
마시지 않을 **생각이에요**

동사의 종지형에「つもりです」를 붙이면 '~할 생각이에요' 가 됩니다. 말하는 사람의 강한 의지를 나타내는 표현이죠.「つもり」의 뜻은 '작정, 의도, 예정, 속셈' 입니다.

➤ 会社をやめるんですか。　회사 그만두는 거에요?
　ええ、そうする**つもりです**。　네, 그럴 **생각이에요**.
➤ 空港へ行きますか。　공항에 가요?
　ええ、行く**つもりです**。　네, 갈 **생각이에요**.
➤ 今晩、木村さんと飲みに行きますか。　오늘밤, 기무라 씨하고 술마시러 가요?
　いいえ、行かない**つもりです**。　아뇨, 안 갈 **생각이에요**.

핵심문법

4

飲むそうです
마신대요

飲まないそうです
안 마신대요

동사의 종지형에「そうです」를 붙이면 '~한대요, ~라더라'가 됩니다. 다른 사람에게서 들은 이야기를 전할 때 쓰는 표현이죠.

반면, 앞에서 배운 ます형에 붙는「そうです」는 눈앞에 보이는 사물의 느낌을 그 순간의 직관적인 인상으로 말합니다.「飲むそうです」하면 '마신대요',「飲みそうです」하면 '마실 것 같아요'가 되는거죠.

▶ 鈴木さん、お酒、やめたそうですね。 스즈키 씨, 술 끊었**대요**.
本当ですか。 정말이에요?

▶ 天気予報によると、明日は天気がよくなるそうです。
일기예보에 의하면, 내일은 날씨가 좋아진**대요**.

▶ あれ、木村さん今日休みですか。 어, 기무라 씨는 오늘 쉬는 날이에요?
ええ、朝、電話がありましたが、かぜをひいたそうですよ。
네, 아침에 전화왔었는데, 감기에 걸렸**대요**.

5

飲むようです
마시는 것 같아요

飲まないようです
안 마시는 것 같아요

136

동사의 종지형에「ようです」를 붙이면 '~(으)ㄹ 것 같아요, 하는 모양이에요'가 됩니다. 어떤 모습이나 상태를 비유하거나 추측할 때 쓰는 표현이죠. 주관적인 추측이지만, 직관적인 인상이라기보다는 말하는 사람이 어떤 지식이나 정보를 가지고 하는 판단입니다.
앞에서 배운 ます형에 붙는「そうです」는 그저 직관적인 인상에 의한 추측이었죠?

▶ この色、似合うと思いますか。　　　이 색깔, 어울리는 것 같아요?
　赤い色は似合わないようですが…。　빨간 색은 안 어울리는 **것 같은데요**….

▶ 玄関で音がしましたよ。だれか来たようです。
　　　　　　　　　　　　　　현관에서 소리가 났어요. 누군가 온 **모양이에요**.

▶ 木村さんは今日は来ないようです。　기무라 씨는 오늘은 안 올 **모양이에요**.

6
飲むみたいです
마시는 것 같아요

飲まないみたいです
안 마시는 것 같아요

「ようです」는 회화에서「みたいです」로 고쳐서 많이 씁니다.

▶ この色、似合うと思う？　　　　　이 색깔, 어울리는 것 같애?
　赤い色は似合わないみたいだけど…。빨간 색은 안 어울리는 **것 같은데**….

▶ 玄関で音がしましたよ。だれか来たみたいです。
　　　　　　　　　　　　　　현관에서 소리가 났어요. 누군가 온 **모양이에요**.

▶ 木村さんは今日は来ないみたいです。
　　　　　　　　　　　　　　기무라 씨는 오늘은 안 올 **모양이에요**.

핵심문법

7

飲むらしいです
마시는 모양이에요

飲まないらしいです
안 마시는 모양이에요

동사의 종지형에 「らしいです」를 붙이면 '~하는 모양이에요, ~ㄹ 것 같아요'가 됩니다. 우리말로는 「そうです」나 「ようです」, 「らしいです」다 같은 추측표현이지만, 「らしいです」는 「ようです」보다 좀 더 객관적인 근거를 가지고 거의 사실이라고 짐작할 때 쓰는 표현입니다. 「ようです」가 50%정도의 확률이라면 「らしいです」는 80~90%정도?

▶ 鈴木さんは、クリスマス(christmas)にハワイ(hawaii)に行くらしいですね。
　　　　　　　　　　　　　　　　스즈키 씨는 크리스마스 때 하와이에 가는 **모양이에요**.
　ええ、そう言っていました。　　네, 그렇게 말했어요.

▶ 木村さんはどこへ行きましたか。기무라 씨 어디 갔어요?
　日本へ出張中らしいです。あした帰って来るそうです。
　　　　　　　　　　　　　　일본에 출장중인 **모양이에요**. 내일 돌아올 것 같아요.

꼼꼼체크 ✓ 기본품사의 추측 표현

		そうです	ようです	みたいです	らしいです
명사		(×)	日本人のようです	日本人みたいです	日本人らしいです
형용사	な	親切そうです	親切なようです	親切みたいです	親切らしいです
	い	おもしろそうです	おもしろいようです	おもしろいみたいです	おもしろいらしいです
동사		飲みそうです	飲むようです	飲むみたいです	飲むらしいです

8 飲むと思います
마실 거에요.

飲まないと思います
안 마실 거에요.

동사의 종지형에「〜と思います」를 붙이면 '~일 거에요, ~라고 생각해요'가 됩니다. 말하는 사람의 의견이나 판단을 말할 때 흔히 쓰죠.「〜と」는 인용을 나타내는 조사 '~라고'에 해당합니다.

- 鈴木さんはどこにいるか知っていますか。 스즈키 씨 어디 있는지 아세요?
  家にいると思います。 집에 있을 **거에요**.
- 花子さんは彼氏がいますか。 하나코 씨는 남자친구 있어요?
  きっといると思います。 분명 있을 **거에요**.
- 車のキー(key)はどこですか。 차 키는 어디 있어요?
  かばんの中にあると思います。 가방 안에 있을 **거에요**.

04

동사의 의지형(～よう)을 사용한 표현

동사의 의지형 + [としました　～려고 했습니다
                と思っています　～려고 합니다

'가자, 가겠다'와 같은 형태를 의지형이라고 합니다. 동사는 「～(よ)う」를 붙여 의지형을 만듭니다. 그럼, 동사에 의지형을 붙여 볼까요?

行く(가다)와 같은 Ⅰ그룹동사는 어미를 「お단」으로 바꾸고 う를 붙입니다. 「行こう」하면 '가자, 가겠다'는 뜻이죠.

Ⅰ　行｜く　　가다
　　 ｜こう　가자, 가겠다

食べる(먹다)와 같은 Ⅱ그룹동사는 어간에 그대로 よう를 붙여 「食べよう(먹자, 먹겠다)」하죠.

Ⅱ　食べ｜る　　먹다
　　　 ｜よう　먹자, 먹겠다

Ⅲ그룹동사 「する」와 「来る」 각각 「しよう(하자, 하겠다)」, 「来よう(오자, 오겠다)」입니다

Ⅲ　す｜る　　하다　　　来｜る　　오다
　　し｜よう　하자, 하겠다　来｜よう　오자, 오겠다

1 飲もうとしました
마시려고 했어요

동사의 의지형에 「～としました」를 붙이면 '～하려고 했어요'가 됩니다. 어떤 일을 시도하거나 어떤 변화가 일어나기 직전 상태를 나타내는 표현이죠.

> 地下鉄のドア(door)がしまろうとした時、男の子が飛び乗りました。
> 지하철 문이 닫히려고 했을 때, 남자아이가 뛰어들었어요.

> 寝ようとしたが、寝られませんでした。
> 자려고 했지만, 잘 수 없었어요.

2 飲もうと思っています
마시려고 해요

동사의 의지형에 「～と思っています」를 붙이면 '～하려고 해요'가 됩니다. 말하는 사람의 계획이나 적극적인 의지를 나타내는 표현이죠. 동사의 종지형에 붙어 말하는 사람의 의견이나 판단을 말하는 「～と思います(~일 거에요, ~라고 생각해요)」와 구별해서 기억하세요.

> 明日からは朝早く起きようと思っています。
> 내일부터는 아침 일찍 일어나려고 해요.

> 電子辞書を買おうと思っていますが、どう思いますか。
> 전자 사전을 사려고 하는데, 어떻게 생각해요?

> 夏休みにどこか行きますか。 여름방학에 어디 가요?
> ええ、北海道へ行こうと思っています。
> 네, 홋카이도에 가려고 해요.

실력체크

1 ( )안의 어휘를 적당한 형태로 고쳐 보세요.

① ここで写真を_____いけません。(撮る)
여기서 사진을 찍으면 안 됩니다.

② このマンガはおもしろいです。ぜひ一度_____ください。(読む)
이 만화는 재밌어요. 꼭 한번 읽어 보세요.

③ 運動場に子供たちが_____。(遊ぶ)
운동장에 아이들이 놀고 있습니다.

④ レポート(report)の資料は_____。(コピー(copy)する)
보고서 자료는 복사해 두었습니다.

⑤ 昼ごはんにカレー(curry)を_____つもりです。(食べる)
점심에 카레를 먹을 생각입니다.

⑥ 日本語は_____が、英語はちょっと…。(話す)
일본어는 할 줄 알지만, 영어는 좀…

⑦ 来月から一日に一時間はジョギング(jogging)を_____ことにしました。(する)
다음 달부터 하루에 한 시간은 조깅을 하기로 했습니다.

⑧ よく問題を_____答えを書いてください。(読む)
문제를 잘 읽고 나서 답을 쓰세요.

⑨ 電話番号を_____連絡できませんでした。(なくす)
전화번호를 잃어 버려서 연락할 수 없었습니다.

⑩ ぜひ_____です。(会う)
꼭 만나 주길 바랍니다.

2 다음 두 문장을 같은 뜻으로 만들어 보세요.

① 壁に絵がかかっています。

　壁に絵が＿＿＿＿＿＿＿あります。

② 食事をしてから手を洗います。

　手を＿＿＿＿＿＿＿食事をします。

③ 私は行きません。そう決めました。

　私は＿＿＿＿＿＿＿ことにしました。

3 다음 대화를 완성해 보세요

① A 遊びに＿＿＿＿＿＿＿いいですか。

　 B すみませんが、今日はちょっと…。

② A いつレポート(report)を出すつもりですか。

　 B 今日の午後、＿＿＿＿＿＿＿と思っています。

③ A 天気はどうですか。

　 B テレビ(television)によると、明日雨が＿＿＿＿＿＿＿そうです。

④ A ピアノ(piano)を＿＿＿＿＿＿＿ことができますか。

　 B ええ、できます。

　 A じゃ、すみませんが、この曲を＿＿＿＿＿＿＿ください。

　 B いいですよ。

덤으로 배우는 한자

| 子 | 음 し 자
훈 こ 자식, 아이 | 女子(じょし) 여자 男子(だんし) 남자
子供(こども) 아이 |

| 止 | 음 し 지
훈 とめる 멈추다, 세우다 とまる 멎다, 서다 | 禁止(きんし) 금지 |

| 使 | 음 し 사
훈 つかう 쓰다 | 使用(しよう) 사용 |

| 始 | 음 し 시
훈 はじめる 시작하다 はじまる 시작되다 | 開始(かいし) 개시 |

| 思 | 음 し 사
훈 おもう 생각하다 | 不思議(ふしぎ)だ 이상하다 |

| 時 | 음 じ 시
훈 とき 때 | 時間(じかん) 시간 |

| 車 | 음 しゃ 차
훈 くるま 차 | 電車(でんしゃ) 전차, 전철 |

| 弱 | 음 じゃく 약
훈 よわい 약하다 | 弱点(じゃくてん) 약점 |

| 手 | 음 しゅ 수
훈 て 손 | 選手(せんしゅ) 선수 |

| 事 | 음 じ 사
훈 こと 일 | 事故(じこ) 사고
仕事(しごと) 일 |

10 보통체

| 명사
な형용사의 어간 + | だ/である ～다
ではない ～이 아니다
だった/であった ～었다
ではなかった ～이 아니었다 |

| い형용사의 어간 + | い ～다
くない ～지 않다
かった ～었다
くなかった ～지 않았다 |

동사의 기본형　～다
동사의 ない형　+ない　～지 않다
동사의 た형　+た　～었다
동사의 ない형　+なかった　～지 않았다

01 명사문의 보통체

なに？
뭐야?

アイスクリーム(ice cream)。
아이스크림.

지금까지 배운 명사나 형용사, 동사는 문장 끝에 「～です」나 「～ます」를 붙였죠? '～(스)ㅂ니다'나 '～요'로 끝나는 이러한 문장을 가리켜 정중체라고 하는데, 정중체는 처음 보는 사람이나 손윗사람에게 써도 무난한 표현입니다. 이 과에서는 문장 끝이 '～다, ～야'로 끝나는 보통체에 대해 배우겠습니다. 보통체는 친한 관계에서 쓸 수 있는 반말입니다.

먼저, 명사의 보통체에 대해 알아볼까요?
'아이스크림이야' 하려면 「アイスクリーム」처럼 명사 뒤에 아무것도 붙이지 않을 수 있고, '～이다', '～이야'에 해당하는 「～だ」나 「～である」를 붙여 「アイスクリームだ、アイスクリームである」할 수도 있습니다. 그런데, 「～である」는 회화체가 아니라 일기 같은 글에서 쓰는 표현이라 회화체에선 적당하지 않아요.
그리고 부정표현 '아이스크림 아니야'는 명사 뒤에 '～이 아니다'에 해당하는 「～ではない」를 붙여 「アイスクリームではない」라고 합니다.
그럼, 보통체 과거표현은 어떻게 말할까요? だ의 과거형 「～だった」나 ～である의 과거형 「～であった」를 붙이면 됩니다. 그래서 '아이스크림이었어'는 「アイスクリームだった」, 「アイスクリームであった(이것도 마찬가지로 글에서)」가 되는거죠.
그리고, 과거부정표현 '～이 아니었어'는 「～ではなかった」를 붙여 말합니다. ～ではなかった는 ～ではない의 과거형입니다. 즉, '아이스크림이 아니었어'는 「アイスクリームではなかった」가 됩니다. 복

잘하다고요? 그럼, 정중체와 비교해 보세요. 훨씬 이해가 빠를 거예요.

➤ これ、プレゼント(present)。　　　이거, 선물이야.
　 わあ、ありがとう。　　　　　　　와아, 고마워.
➤ これ、プレゼントです。　　　　　이거, 선물이에요.
　 わあ、ありがとうございます。　　와아, 고마워요.
➤ 彼氏？　　　　　　　　　　　　　남자친구?
　 ううん、彼氏じゃないよ。　　　　아니, 남자친구 아니야.
➤ 彼氏ですか。　　　　　　　　　　남자친구예요?
　 いいえ、彼氏じゃないですよ。　　아뇨, 남자친구 아니에요.
➤ 昨日、飲み会だった？　　　　　　어제 술모임이었어?
　 ううん、昨日は飲み会じゃなかったよ。
　　　　　　　　　　　　　　　　　아니, 어제는 술모임 아니었어.
➤ 昨日は飲み会でしたか。　　　　　어제는 술모임이었어요?
　 いいえ、昨日は飲み会じゃなかったですよ。
　　　　　　　　　　　　　　　　　아뇨, 어제는 술모임 아니었어요.

감사 인사말

고마움을 전하는 인사말에는 뭐가 있을까요? 반말 「ありがとう(고마워)」나 존댓말 「ありがとうございます(고마워요)」는 잘 알고 있죠? 그리고 「どうも」는 '고마워' '고마워요' 다 쓸 수 있다고 배웠구요. 그런데, 원래 「どうも」는 '대단히' '정말로' 라는 뜻의 부사예요. 그래서 「どうもありがとうございます」하면 '정말로 고마워요' 가 됩니다. 이 밖에도 「サンキュー(thank you)」라는 영어식 표현도 많이 씁니다.

꼼꼼체크 ✓　명사문의 보통체와 정중체

	현재	현재부정	과거	과거부정
보통체	～だ ～である ～다 / ～야	～ではない =(～じゃない) ～이 아니야	～だった ～であった ～었어	～ではなかった (=～じゃなかった) ～이 아니었어
정중체	～です ～입니다	～ではありません (=～じゃないです) ～이 아닙니다	～でした ～었습니다	～ではありませんでした (=～じゃなかったです) ～이 아니었습니다

02 な형용사문의 보통체

げんき
元気だった？
잘 지냈어?

うん。
응.

**허물없는 사이에는
うん과 ううん을 써요**

일반적으로 회화에서는 「ええ(네), いえ(아뇨)」를 많이 쓰고, 허물없는 사이에는 「うん(응), ううん(아니)」를 많이 씁니다. '응'은 「うん」, '아니'는 「ううん」입니다. 우리말과 많이 비슷하죠? 「ううん」은 억양이 중요합니다. 억양이 다르면 의미가 제대로 전달되지 않거든요.

な형용사의 보통체는 어떻게 말할까요? 결론적으로 말하면, 명사와 같습니다. '잘지내' 하고 말하려면 「げんき?」처럼 な형용사의 어간만 쓸 수도 있고, 「~だ」나 「~である」를 붙여 「げんきだ、げんきである」할 수도 있습니다.

'잘 지내지 않아' 같은 부정표현은 な형용사 어간에 「~ではない」을 붙여 「げんきではない」라고 합니다.

과거표현 '잘 지냈어'는 な형용사 어간에 '~였어'에 해당하는 「~だった」나 「~であった」를 붙여 「げんきだった、げんきであった」라고 하고, '잘 지내지 못했어'라고 하려면 「~ではなかった」를 붙여 「げんきではなかった」라고 합니다. 어때요? 명사와 같죠?

➤ あした 暇？　　　　　　내일 시간 있어?
　 うん、暇だよ。　　　　 응, 시간 있어.
➤ あしたは 暇ですか。　　 내일 시간 있습니까?
　 ええ、暇ですよ。　　　 네, 시간 있습니다.
➤ きのう、大丈夫だった？　어제 괜찮았어?
　 うん、大丈夫だったよ。　응, 괜찮았어.
➤ きのうは 大丈夫でしたか？ 어제 괜찮았어요?
　 ええ、大丈夫でした。　 네, 괜찮았어요.

➤ 日本語と英語とどっちが得意だった？
　　　　　　　　　　　　　　일본어와 영어 중에, 어느 쪽을 **잘했어?**

　どっちも**得意**じゃなかったよ。
　　　　　　　　　　　　　어느 쪽도 **잘 못했어.**

➤ 日本語と英語とどちらが得意でしたか？
　　　　　　　　　　　　　일본어와 영어 중에 어느 쪽을 **잘했습니까?**

　どちらも**得意**じゃなかったですよ。
　　　　　　　　　　　　　어느 쪽도 **잘 못 했어요.**

꼼꼼체크 ✓ 　な형용사문의 보통체와 정중체

	현재	현재부정	과거	과거부정
보통체	~だ ~である ~다 / ~어	~ではない (=~じゃない) ~지 않아	~だった ~であった ~었어	~ではなかった (=~じゃなかった) ~지 않았어
정중체	~です ~(스)ㅂ니다	~ではありません (=~じゃないです) ~지 않습니다	~でした ~었습니다	~ではありませんでした (=~じゃなかったです) ~지 않았습니다

03 い형용사문의 보통체

けいたい、ちょっと。／いいよ。
핸드폰 좀.　　　　　　　　　　좋아.

이번에는 い형용사의 보통체를 배워 보겠습니다. '좋아' 같은 서술표현은 기본형 그대로 「いい」라고 하면 됩니다. 부정표현 '좋지 않아'는 형용사 어간에 '~지 않아요'에 해당하는 「~くない」를 붙여 「よくない」라고 합니다. 그리고, 과거표현 '좋았어'는 형용사 어간에 '~었어'에 해당하는 「~かった」를 붙여 「よかった」라고 하고, '좋지 않았어'는 형용사 어간에 「~くなかった」를 붙여 「よくなかった」라고 합니다. 정중체에서 です를 뺀 형태가 바로 보통체죠.

▶ 昨日の映画どうだった？　　　　어제 영화 어땠어?
　とてもおもしろかった。　　　　너무 재미있었어.
▶ 昨日の映画はどうでしたか。　　어제 영화는 어땠습니까?
　とてもおもしろかったです。　　너무 재미있었어요.
▶ 日本語の勉強はどう？　　　　　일본어 공부는 어때?
　楽しい。　　　　　　　　　　　즐거워.
　難しくない？　　　　　　　　　어렵지 않아?
　うん、難しくない。　　　　　　응, 어렵지 않아.

꼼꼼체크 ✓　い형용사문의 보통체와 정중체

	현재	현재부정	과거	과거부정
보통체	~い ~어	~くない ~지 않아	~かった ~었어	~くなかった ~지 않았어
정중체	~(い)です ~(스)ㅂ니다	~くありません (=~くないです) ~지 않습니다	~かったです ~었습니다	~くありませんでした (=~くなかったです) ~지 않았습니다

04 동사문의 보통체

> シャーペン(sharp pencil)ある？／うん、あるよ。
> 샤프 있어?　　　　　　　　　　　　　　　　　응, 있어.

이번에는 동사의 보통체를 배워 보겠습니다.
'있어' 같은 서술표현은 기본형 그대로 「ある」 하면 됩니다. 부정표현은 동사의 ない형이 오면 되는데 ある의 ない형은 그냥 「ない」입니다. 과거표현 '있었어'는 동사의 た형이 와서 「あった」가 되고, '없었어'는 동사에 「なかった」를 붙이면 되는데 ある는 「なかった」 그대로죠.

▶ 昨日テレビ(television)見た？　　　　어제 텔레비전 **봤니**?
　ううん、見なかった。　　　　　　　아니, 안 봤어.
▶ 昨日テレビ(television)を見ましたか。　어제 텔레비전 **봤습니까**?
　いいえ、見ませんでした。　　　　　아뇨, 안 봤습니다.
▶ ビール(beer)、飲む？　　　　　　　맥주 마실래?
　ううん、飲まない。　　　　　　　　아니, 안 마실래.
▶ ビール、飲みますか。　　　　　　　맥주, 마실래요?
　いいえ、飲みません。　　　　　　　아뇨, 안 마실래요.
▶ いっしょにご飯、食べない？　　　　같이 밥 먹지 않을래?
　うん、いいね。　　　　　　　　　　응, 좋아.
▶ いっしょにご飯、食べませんか。　　같이 식사하지 않겠어요?
　ええ、いいですね。　　　　　　　　네, 좋아요.

꼼꼼체크 ✓ 동사문의 보통체와 정중체

	현재	현재부정	과거	과거부정
보통체	기본형 ～어	～ない ～지 않아	～た ～었어	～なかった ～지 않았어
정중체	～ます ～(스)ㅂ니다	～ません ～지 않습니다	～ました ～었습니다	～ませんでした・～なかったです ～지 않았습니다

10. 보통체 151

콕콕 실력체크

1 정중체는 보통체로, 보통체는 정중체로 바꿔 보세요.

> 보기
> 今本を読んでいます。 → 今本を読んでいる。
> 今日は雨だ。 → 今日は雨です。

① 朝ごはんを食べませんでした。 → _____

② 金さんは部屋にいます。 → _____

③ 早く家へ帰らなければならない。 → _____

④ 今日は暇ではありません。 → _____

⑤ 旅行は楽しくなかったです。 → _____

⑥ 今は時間がない。 → _____

⑦ どんな車がほしいですか。 → _____

⑧ あの店はきれいでしたか。 → _____

⑨ 今晩横浜へ行きませんか。 → _____

⑩ いいカメラ(camera)ですが、高いです。 → _____

2 질문에 답해 보세요.

> 札幌へ行ったことがある？（ううん） → ううん、ない。
> 　　　　　　　　　　　　　（うん）　 → うん、ある。　　〈보기〉

① 日本の映画を見たことがある？（うん）
　→ _____ 。

② この本を返さなければならない？（うん）
　→ _____ 。

③ エアコン(air conditioner)をつけてもいい？（ううん）
　→ _____ 。

3 다음 대화를 보통체로 고쳐 보세요.

① A　どこで休みましょうか。
　 B　あそこに喫茶店がありますね。
　 A　きれいな店ですね。
　 B　あそこでコーヒー(coffee)でも飲みましょう。

② A　おはようございます。
　 B　あ、おはようございます。
　 A　今日お昼ごはん一緒にどうですか。
　 B　はい、大丈夫です。

덤으로 배우는 한자

| 終 | 음 しゅう 종
훈 おわる 끝나다　おえる 끝내다 | しゅうりょう
終了 종료 |

| 集 | 음 しゅう 집
훈 あつめる 모으다　あつまる 모이다 | とくしゅう
特集 특집 |

| 住 | 음 じゅう 주
훈 すむ 살다 | じゅうしょ
住所 주소 |

| 重 | 음 じゅう 중
훈 おもい 무겁다　かさなる 거듭되다　かさねる 거듭하다 | じゅうよう
重要 중요 |

| 出 | 음 しゅつ 출
훈 でる 나오다, 나가다　だす 내다, 제출하다 | しゅっせき
出席 출석 |

| 初 | 음 しょ 초
훈 はじめ 시작, 처음　はじめて 비로소, 처음(경험상) | さいしょ
最初 최초 |

| 所 | 음 しょ 소
훈 ところ 곳, 장소 | ばしょ
場所 장소 |

| 書 | 음 しょ 서
훈 かく 쓰다 | しょるい
書類 서류 |

| 女 | 음 じょ 여
훈 おんな 여자 | かのじょ
彼女 그녀 |

| 小 | 음 しょう 소
훈 ちいさい 작다 | しょうせつ
小説 소설 |

11 숫자

숫자 세기   — 1, 2, 3…
                — 11, 12, 13…
                — 100, 200, 300…
시간 말하기   — 1시, 2시, 3시, 1분, 2분, 3분…
물건 세기   — 하나, 둘, 셋…
날짜 말하기   — 1월, 2월, 3월…, 1일, 2일, 3일…

콕콕 핵심문법

01 숫자세기 1~10

いち、に、さん、し、ご、
일, 이, 삼, 사, 오,

ろく、しち、はち、きゅう、じゅう
육, 칠, 팔, 구, 십

전화번호 말하기

전호번호를 말할 때는 우리처럼 숫자를 하나씩 끊어 읽고, '~국의, ~의'에 해당하는 「の」를 넣어 말합니다. 예를 들어, 012-3456-7891은 「ゼロいちにの さんよんごろくの ななはちきゅういち」라고 합니다. 전화번호 말할 때 4, 7, 9는 し, しち, く라고 하지 않으니 주의하세요.

좋아하는 숫자, 싫어하는 숫자

일본 사람들이 좋아하는 숫자는 7과 8입니다. 7은 서양의 영향을 받아 행운의 숫자라고 좋아하고, 8은 한자 八이 아래로 퍼지는 모양이라 점차 번창한다는 의미라서 좋아한다네요. 그런데 4와 9는 꺼리는 숫자입니다. 4는 し라는 발음이 죽음을 뜻하는 死(し)와 같아서, 9 또한 く라는 발음이 고통, 고생을 뜻하는 苦(く)와 같아서요.

일본어로 숫자는 어떻게 말할까요?

우리말과 마찬가지로 '1, 2, 3, …'에 해당하는 한자어와 '하나, 둘, 셋, …'에 해당하는 고유어가 있습니다. 여기서는 '1, 2, 3, …'으로 세는 방법을 배워 보겠습니다. 1은 「いち」, 2는 「に」, 3은 「さん」4는 「し」또는「よん」5는 「ご」6은 「ろく」7은 「しち」또는 「なな」8은 「はち」9는 「きゅう」또는 「く」10은 「じゅう」라고 합니다. 그리고 0은 「ゼロ(zero), れい(영), まる(공)」라고 합니다. 그런데 4와 7과 9는 읽는 방식이 두가지죠? 뒤에 붙는 어휘에 따라 달리 읽으니 주의하세요.

　　　　なんねんせい
➤何年生ですか。
　　いちねんせい
　一年生です。

몇 학년이에요?

1학년이에요.

　　でんわばんごう　なんばん
➤電話番号は何番ですか。
　ゼロさんのに さんよんご のろくなな はちきゅう
　03-2345-67 8 9です。

전화번호는 몇 번이에요?

03-2345-6789예요.

　　　　　　　　なんばん
➤けいたいは何番ですか。
　ゼロいちゼロの きゅうななきゅうななの によんさんご
　010-9797-2435です。

핸드폰은 몇 번이에요?

010-9797-2435예요.

꼼꼼체크 ✓　숫자 세기 - 1, 2, 3…10

0	1	2	3	4	5	6	7	8	9	10
ゼロ(zero) 또는 れい(영) 또는 まる(공)	いち	に	さん	し 또는 よん	ご	ろく	しち 또는 なな	はち	きゅう 또는 く	じゅう

02 숫자세기 11~100

まもなく１１番線に電車がまいります。
まもなく じゅういちばん せん でん しゃ

이제 곧 11번선에 전철이 들어옵니다.

1~10까지만 알면 다음은 쉽습니다. 1~9까지의 숫자에 각 단위를 넣어 주기만 하면 됩니다. 십은「十」, 백은「百」, 천은「千」, 만은「万」, 억은「億」라고 말합니다.

➤ この電車, 品川に行きますか。　　이 전철, 시나가와에 가요?
　いいえ、行きません。　　　　　　아뇨, 안 갑니다.
　どの電車が行きますか。　　　　　어느 전철이 가요?
　１２番線の電車が行きます。　　　12번선 전철이 갑니다.
➤ ５０たす４９は？　　　　　　　　50 더하기 49는?
➤ ０点、100点　　　　　　　　　　빵점, 100점

> **더하기, 빼기, 곱하기, 나누기**
> 더하기 - たす
> 빼기 - ひく
> 곱하기 - かける
> 나누기 - わる
> 📢 10+5 - じゅう たす ご
> 　9-2 - きゅう ひく に
> 　4×8 - よん かける はち
> 　15÷3- じゅうご わる さん

꼼꼼체크 ✓　숫자 세기 - 11, 12, 13…100

11	12	13	14	15	16	17	18	19	20
じゅういち	じゅうに	じゅうさん	じゅうし 또는 じゅうよん	じゅうご	じゅうろく	じゅうしち 또는 じゅうなな	じゅうはち	じゅうきゅう 또는 じゅうく	にじゅう
10	20	30	40	50	60	70	80	90	100
じゅう	にじゅう	さんじゅう	**よんじゅう**	ごじゅう	ろくじゅう	**ななじゅう**	はちじゅう	**きゅうじゅう**	ひゃく

03 시간 말하기

すみません、今、何時(なんじ)ですか。
실례합니다. 지금 몇 시예요?

1時(いちじ) 30分(さんじゅっぷん)です。
1시 30분이에요.

모르는 사람에게 말 걸기

모르는 사람에게 말을 걸려면 어떻게 할까요? '실례합니다', '저기요…' 똑같습니다. 「すみません(실례합니다)」하거나 「あのう…(저기요…)」하면 됩니다. 「あのう、すみません(저, 실례합니다)」하거나 「ちょっとすみません(잠시 실례합니다)」하기도 합니다.

시간 말하기는 회화에서 필수죠? 우리말은 시간을 말할 때, 시는 한시, 두시… 즉 고유어로, 분은 일분, 이분… 한자어로 말합니다. 그런데, 일본어는 모두 한자어로 말합니다. 그럼, 자세히 알아 볼까요?

시(時)는 「じ」라고 합니다. 한시, 두시… 하려면 1~12까지의 숫자에 じ를 넣어 주면 됩니다. 그런데 4, 7, 9는 뒤에 붙는 어휘에 따라 다르다고 했죠? 4시는 「よじ」, 7시는 「しちじ」 9시는 「くじ」라고 하니 주의하세요. 그리고, '몇 시에요?' 하려면 「何時(なんじ)ですか」하면 됩니다.

분(分)은 「ぶん」, 「ふん」, 「ぷん」 읽는 방식이 세가지입니다. 예를 들어 2분은 「にふん」, 5분은 「ごふん」, 9분은 「きゅうふん」이라 읽고, 1, 3, 4, 6, 8, 10분은 각각 「いっぷん、さんぷん、よんぷん、ろっぷん、はっぷん、じ(ゅ)っぷん」이라고 합니다. 또, 10分은 「じゅっぷん」 또는 「じっぷん」이라고 합니다. 복잡하다구요? 어디까지나 편하게 발음하기 위해서니까 어려워할 것 없습니다. 그리고, 30분은 '반' 이라고도 하죠? 일본어도 마찬가지입니다. 우리처럼 「半(はん)」을 더 잘 씁니다.

▶ 遠(とお)いですか。   멀어요?
　いいえ、20分(にじゅっぷん)ぐらいです。   아뇨, 20분정도예요.
▶ 今日(きょう)の会議(かいぎ)は何時(なんじ)からですか。   오늘 회의는 몇 시부터죠?
　10時(じゅうじ)からです。   10시부터입니다.
▶ 授業(じゅぎょう)は何時までですか。   수업은 몇 시까지예요?
　午後(ごご)3時(さんじ)までです。   오후 3시까지예요.

꼼꼼체크 ✓　시간 말하기 – 시와 분

1시	2시	3시	4시	5시	6시	
いちじ	にじ	さんじ	**よじ**	ごじ	ろくじ	
7시	8시	9시	10시	11시	12시	?
しちじ	はちじ	**くじ**	じゅうじ	じゅういちじ	じゅうにじ	なんじ

1분	2분	3분	4분	5분
いっぷん	にふん	**さんぷん**	**よんぷん**	ごふん
6분	7분	8분	9분	10분
ろっぷん	ななふん	**はっぷん**	きゅうふん	**じ(ゅ)っぷん**
20분	30분	40분	50분	?
にじ(ゅ)っぷん	さんじ(ゅ)っぷん 또는 はん	よんじ(ゅ)っぷん	ごじ(ゅ)っぷん	なんぷん

 핵심문법

04 가격 말하기

いくらですか。
얼마예요?

に ひゃく えん
200円です。
200엔입니다.

すみませんは
알아두면 유용한 표현
「すみません」은 どうぞ나 どうも 만큼 알아두면 유용한 표현입니다. 예를 들어, 남의 발을 밟는다든지, 몸을 부딪힌다든지 남한테 피해가 되는 행동을 했을 때는 무조건 「すみません(미안합니다)」하면 됩니다. 또, 모르는 사람에게 말을 걸 때 '실례합니다' 하죠? 그때도 「すみません」입니다. 음식점에서 종업원을 부르며 '여기요~' 할 때도 「すみません」입니다.

물건값을 물을 때는 「いくらですか(얼마예요?)」하면 됩니다. 돈은 '이백원, 삼백원'처럼 숫자 뒤에 일본 돈 「円(えん)」을 붙입니다. 그럼, 백엔부터 한번 말해 볼까요? 100엔은 「ひゃくえん」, 1000엔은 「せんえん」 만엔은 「いちまんえん」 1억엔은 「いちおくえん」이라고 합니다. 다만, 백단위에서 さんびゃく(三百), ろっぴゃく(六百), はっぴゃく(八百), 천단위에서 さんぜん(三千), はっせん(八千)은 주의해서 알아두세요.

➤ すみません。ジュース(juice)ください。 여보세요, 주스 주세요.
　 さんびゃくごじゅう えん
　 はい、３５０円です。 네, 350엔입니다.
➤ 全部でいくらですか。 전부 얼마예요?
　 ぜんぶ
　 ごまん ななせん はっぴゃくきゅうじゅう
　 ５７ ８９０円です。 57,890엔이에요.
➤ ろっぴゃく
　 600 円のおつりです。 거스름돈 600엔입니다.

꼼꼼체크 ✓ 가격 말하기 - 백, 이백, 삼백… 일억

100	200	300	400	500	600	700	800	900	1,000
ひゃく	に ひゃく	さん びゃく	よん ひゃく	ご ひゃく	ろっ ぴゃく	なな ひゃく	はっ ぴゃく	きゅう ひゃく	せん

2,000	3,000	4,000	5,000	6,000	7,000	8,000	9,000	10,000	1억
に せん	さん ぜん	よん せん	ご せん	ろく せん	なな せん	はっ せん	きゅう せん	いちまん	いちおく

05　개수 세기

いくつですか。
몇 개예요?

ひとつ、ふたつ、みっつあります。
한 개, 두 개, 세 개 있어요.

이번에는 '하나, 둘, 셋, …' 하는 고유어 숫자를 배워 보겠습니다. 우리말과 달리 일본어의 고유어 숫자는 하나부터 열까지만 있고, 열하나부터는 한자어 그대로 씁니다. 하나는 「ひとつ」 둘은 「ふたつ」 셋은 「みっつ」 넷은 「よっつ」 다섯은 「いつつ」 여섯은 「むっつ」 일곱은 「ななつ」 여덟은 「やっつ」 아홉은 「ここのつ」 열은 「とお」입니다. 그리고, 열하나는 한자어 그대로 「じゅういち」 열둘은 「じゅうに」라고 합니다. 그리고 물건의 개수를 물을 때는 「いくつですか(몇 개예요?)」 하면 됩니다.

➤ **ひとつ**いくらですか。　　　한 개 얼마예요?
　１５０円です。　　　　　　150엔입니다.
　(ひゃくごじゅう)
　じゃ、**みっつ**ください。　　그럼, 3개 주세요.

➤ いらっしゃいませ。　　　　　어서오세요.
　チーズバーガー(cheese burger)**よっつ**とコーヒー(coffee)
　むっつ、ポテト(potato)**いつつ**。
　　　　　　　　　　　　　　　치즈버거 4개랑 커피 6개, 감자튀김 5개.
　こちらでめしあがりますか。　여기서 드십니까?
　はい。　　　　　　　　　　　네.

꼼꼼체크 ✓　개수 세기-한 개, 두 개, 세 개…

한 개	두 개	세 개	네 개	다섯 개	여섯 개	일곱 개	여덟 개	아홉 개	열 개
ひと 一つ	ふた 二つ	みっ 三つ	よっ 四つ	いつ 五つ	むっ 六つ	なな 七つ	やっ 八つ	ここの 九つ	とお 十

콕콕 핵심문법

쉽게 셀 수 없을까?

숫자의 형태도 바뀌고, 때에 따라서는 단위 형태까지 바뀌지만 물건을 세는 단위정도만 알면 누구나 쉽게 셀 수 있습니다. 형태가 바뀌는 것은 어디까지나 발음을 편하게 하기 위해서니까요.

① 「か, さ, た」행으로 시작하는 단위 앞에서 「1, 6, 8, 10」은 촉음 「っ」입니다. 단, 「さ」행 앞의 6은 「ろく」죠.
예) 一個(한 개), 六才(여섯 살)

② 「は」행으로 시작하는 단위 앞에서 「1, 6, 8, 10」은 촉음 「っぱ행」, 「3, なん」은 「ば행」입니다.
예) 一杯(한 잔), 三杯(세 잔), 十本(열 병)

③ 어떤 단위가 오든 「3=なん」입니다.
예) 三足(세 켤레), 何足(몇 켤레), 三人(세명), 何人(몇 명)

④ 4는 규칙이 없습니다.
예) 四時(네 시), 四人(네 명), 四才(네 살)

⑤ 「台, 枚」와 같은 단위는 어떤 숫자가 와도 읽는 방식은 같습니다.
예) 一枚(한 장), 六台(여섯 대)

물건을 세는 방법에 대해 좀 더 알아볼까요? 커피는 한 잔, 두 잔, 불고기는 1인분, 2인분이라고 하죠? 물건의 종류에 따라 세는 단위가 다릅니다. 그리고, 하나는 '한' 잔, 둘은 '두' 잔이라고 하는 것처럼 숫자의 형태도 바뀌고, 때에 따라서는 단위 형태까지 바뀝니다.

예를 들어 맥주병은 단위 「本」을 써서 「一本(한 병), 二本(두 병)」이라고 셉니다. 사람을 세는 단위는 「人」입니다. 한 명, 두 명은 예외적으로 「一人, 二人」라고 하고, 세 명부터는 「三人, 四人」이라고 셉니다.

그리고 종이나 셔츠 같이 얇은 물건은 「枚」, 나이는 「才」, 자동차는 「台」, 잔은 「杯」, 양말은 「足」라는 단위를 써서 셉니다.

물건을 세는 방법은 상당히 복잡합니다. 시간 날 때마다 조금씩 외우기로 하고, 우선은 일반적으로 가장 많이 쓰이는 「ひとつ、ふたつ、みっつ…」는 꼭 기억해 두세요.

▶ すみません、次は上野ですか。　　실례합니다. 다음 우에노예요?
いいえ、上野は三つ目です。　　아뇨, 우에노는 세 번째입니다.

▶ あの、おもちゃの売り場は何階ですか。　　저, 장난감 매장은 몇 층이에요?
5階です。　　5층입니다.

꼼꼼체크 ✓ 개수 세기 – 한 개, 한 명, 한 살

	~개	~명	~살	~잔	~대	~켤레	~병, 개	~장
특징	가장 일반적으로 셀 때	사람 수를 셀 때	나이를 셀 때	맥주나 주스 등을 셀 때	자동차나 자전거 등을 셀 때	양말이나 신발을 셀 때	가늘고 긴 것을 셀 때	얇고 평평한 것을 셀 때
1	ひとつ 一つ	ひとり 一人	いっさい 一才	いっぱい 一杯	いちだい 一台	いっそく 一足	いっぽん 一本	いちまい 一枚
2	ふたつ 二つ	ふたり 二人	にさい 二才	にはい 二杯	にだい 二台	にそく 二足	にほん 二本	にまい 二枚
3	みっつ 三つ	さんにん 三人	さんさい 三才	さんばい 三杯	さんだい 三台	さんぞく 三足	さんぼん 三本	さんまい 三枚
4	よっつ 四つ	よにん 四人	よんさい 四才	よんはい 四杯	よんだい 四台	よんそく 四足	よんほん 四本	よんまい 四枚
5	いつつ 五つ	ごにん 五人	ごさい 五才	ごはい 五杯	ごだい 五台	ごそく 五足	ごほん 五本	ごまい 五枚
6	むっつ 六つ	ろくにん 六人	ろくさい 六才	ろっぱい 六杯	ろくだい 六台	ろくそく 六足	ろっぽん 六本	ろくまい 六枚
7	ななつ 七つ	ななにん・しちにん 七人	ななさい 七才	ななはい 七杯	ななだい 七台	ななそく 七足	ななほん 七本	ななまい 七枚
8	やっつ 八つ	はちにん 八人	はちさい・はっさい 八才	はちはい・はっぱい 八杯	はちだい 八台	はっそく 八足	はちほん・はっぽん 八本	はちまい 八枚
9	ここのつ 九つ	きゅうにん 九人	きゅうさい 九才	きゅうはい 九杯	きゅうだい 九台	きゅうそく 九足	きゅうほん 九本	きゅうまい 九枚
10	とお 十	じゅうにん 十人	じゅっさい 十才	じゅっぱい 十杯	じゅうだい 十台	じゅっそく 十足	じゅっぽん 十本	じゅうまい 十枚
?	いくつ	なんにん 何人	なんさい 何才	なんばい 何杯	なんだい 何台	なんそく 何足	なんぼん 何本	なんまい 何枚

06 날짜 말하기

<ruby>誕生日<rt>たんじょうび</rt></ruby>はいつですか。
생일 언제예요?

<ruby>5月5日<rt>ごがつ いつか</rt></ruby>です。
5월 5일입니다.

날짜를 물을 때는 「いつですか(언제예요?)」 하면 됩니다.

'1월, 2월...' 하려면 숫자 뒤에 '월'에 해당하는 「月(がつ)」를 붙입니다. '1일, 2일...'에서 '일'은 「日(にち)」라고 읽는데, 1~10일, 그리고 20일은 독특하게 읽으니 주의하세요. 4일, 14일, 24일처럼 4일로 끝나는 날짜는 「よっか」로 읽습니다.

날짜는 읽는 방식이 다양하고 양도 많아 한꺼번에 하려면 진이 빠집니다. 그렇다고 간과할 수도 없죠. 시간 날 때마다 조금씩 외워주세요.

요일은 「曜日(ようび)」라고 합니다. '월, 화, 수...'에 해당하는 「げつ(月), か(火), すい(水)...」에 붙이면 됩니다.

▶ <ruby>今日<rt>きょう</rt></ruby>は<ruby>何曜日<rt>なんようび</rt></ruby>ですか。   오늘은 **무슨 요일**이에요?
　<ruby>水曜日<rt>すいようび</rt></ruby>です。   **수요일**입니다.
▶ <ruby>結婚式<rt>けっこんしき</rt></ruby>はいつですか。   결혼식은 **언제**예요?
　<ruby>9月3日<rt>くがつみっか</rt></ruby>です。   9월 3일입니다.

꼼꼼체크 ✓ ① 월

1月	2月	3月	4月	5月	6月	7月	8月	9月	10月	11月	12月	?
いちがつ	にがつ	さんがつ	**しがつ**	ごがつ	ろくがつ	**しちがつ**	はちがつ	**くがつ**	じゅうがつ	じゅういちがつ	じゅうにがつ	なんがつ

② 일

	1日 (ついたち)	2日 (ふつか)	3日 (みっか)	4日 (よっか)	5日 (いつか)	6日 (むいか)
7日 (なのか)	8日 (ようか)	9日 (ここのか)	10日 (とおか)	11日 (じゅういちにち)	12日 (じゅうににち)	13日 (じゅうさんにち)
14日 (**じゅうよっか**)	15日 (じゅうごにち)	16日 (じゅうろくにち)	17日 (じゅうしちにち)	18日 (じゅうはちにち)	19日 (**じゅうくにち**)	20日 (**はつか**)
21日 (にじゅういちにち)	22日 (にじゅうににち)	23日 (にじゅうさんにち)	24日 (**にじゅうよっか**)	25日 (にじゅうごにち)	26日 (にじゅうろくにち)	27日 (にじゅうしちにち)
28日 (にじゅうはちにち)	29日 (**にじゅうくにち**)	30日 (さんじゅうにち)	31日 (さんじゅういちにち)			? 何日 (なんにち)

③ 요일

にちようび 日曜日	げつようび 月曜日	かようび 火曜日	すいようび 水曜日	もくようび 木曜日	きんようび 金曜日	どようび 土曜日	なんようび 何曜日

④ 때

おととい 그저께	きのう 昨日 어제	きょう 今日 오늘	あした 明日 내일	あさって 모레
せんせんしゅう 先々週 지지난 주	せんしゅう 先週 지난 주	こんしゅう 今週 이번주	らいしゅう 来週 다음 주	さらいしゅう 再来週 다다음 주
せんせんげつ 先々月 지지난 달	せんげつ 先月 지난 달	こんげつ 今月 이달	らいげつ 来月 다음 달	さらいげつ 再来月 다다음 달
おととし 재작년	さくねん、きょねん 昨年、去年 작년	ことし 今年 올해	らいねん 来年 내년	さらいねん 再来年 내후년

 실력체크

1 질문에 답해 보세요.

> すみません、今何時ですか。(01:50) 보기
> → いちじ ごじ(ゅ)っぷんです。

① (12:30) →＿＿＿＿＿＿＿＿＿＿＿＿＿＿＿。
② (09:15) →＿＿＿＿＿＿＿＿＿＿＿＿＿＿＿。
③ (04:25) →＿＿＿＿＿＿＿＿＿＿＿＿＿＿＿。
④ (07:40) →＿＿＿＿＿＿＿＿＿＿＿＿＿＿＿。

2 질문에 답해 보세요.

> すみません、これはいくらですか。(200円) 보기
> → にひゃく えんです。

① (14,600円) →＿＿＿＿＿＿＿＿＿＿＿＿＿＿＿。
② (3,000円) →＿＿＿＿＿＿＿＿＿＿＿＿＿＿＿。
③ (950円) →＿＿＿＿＿＿＿＿＿＿＿＿＿＿＿。
④ (1,570円) →＿＿＿＿＿＿＿＿＿＿＿＿＿＿＿。

3 질문에 답해 보세요.

> お正月(しょうがつ)はいつですか。 → いちがつ ついたちです。 [보기]

① クリスマス(christmas)はいつですか。
   → ＿＿＿＿＿＿＿＿＿＿＿＿＿＿＿＿＿＿＿＿。

② こどもの日(ひ)はいつですか。
   → ＿＿＿＿＿＿＿＿＿＿＿＿＿＿＿＿＿＿＿＿。

③ バレンタインデー(Valentine's Day)はいつですか。
   → ＿＿＿＿＿＿＿＿＿＿＿＿＿＿＿＿＿＿＿＿。

4 다음에서 적당한 어휘를 골라 대화를 완성해 보세요.

> なんじ、いくら、なんばん

① A 今(いま)、＿＿＿＿＿＿＿？
   B 9時(じ)10分(ぷん)よ。
   A え、9時10分。大変(たいへん)！

② A わあ、すてきな車(くるま)。＿＿＿＿＿＿＿ですか。
   B 300万円(まんえん)です。
   A 300万円? 高(たか)い。

③ A すみません。金さんの家(うち)は＿＿＿＿＿＿＿ですか。
   B 032-4336-2878です。

11. 숫자 **167**

덤으로 배우는 한자

少	음 しょう 소 훈 すくない 적다　すこし 조금	しょうねん 少年 소년
上	음 じょう 상 훈 うえ 위　あげる 올리다　あがる 오르다, 올라가다	じょうげ 上下 상하
乗	음 じょう 승 훈 のる 타다　のせる 얹다	じょうようしゃ 乗用車 승용차
場	음 じょう 장 훈 ば 장소, 곳	こうじょう 工場 공장 ばしょ 場所 장소
食	음 しょく 식 훈 たべる 먹다	しょくじ 食事 식사 たもの 食べ物 음식
新	음 しん 신 훈 あたらしい 새롭다	しんぶん 新聞 신문
人	음 じん 인　にん 인 훈 ひと 사람	にほんじん 日本人 일본인　にんげん 人間 인간
数	음 すう 수 훈 かず 수　かぞえる 세다	すうがく 数学 수학
生	음 せい 생　しょう 생 훈 いきる 살다　いかす 살리다　うまれる 태어나다　うむ 낳다	せいかつ 生活 생활　しょうがい 生涯 생애
世	음 せ 세　せい 세 훈 よ 세상	せかい 世界 세계　せいき 世紀 세기 よなか 世の中 세상

12 가능표현

가능표현 1형 　예 行ける
가능표현 2형 　예 行くことができる 갈 수 있다, 갈 줄 안다

 핵심문법

01 가능표현 1형

「X-Japan」の歌が歌えますか。
「X-Japan」노래 부를 줄 알아요?

朝早く起きられますか。
아침 일찍 일어날 수 있어요?

「X-Japan」 아세요?
「X -Japan」하면 화려한 메이크업과 의상, 독특한 연주 스타일로 대중을 사로잡았던 일본의 록 밴드 그룹입니다. 이제는 해체되었지만 작사, 작곡, 프로듀스, 피아노, 드럼까지 다재다능한 리더 요시키의 인기는 정말 대단했었죠. 놀면서 일본어 공부하는 법, 그거 간단합니다. 일본노래 몇 곡 마스터하면 가라오케에서도 폼 잡을 수 있고 일본어도 자연스레 내 것이 되거든요.

'노래 부를 수 있다, 노래 부를 줄 안다' 같은 가능표현은 어떤 일에 대한 능력이나 그 일의 가능성을 나타내는 말입니다. 일본어의 가능표현에는 두 가지 형태가 있고, 목적격 조사로 「が」를 쓰는 것이 특징입니다.

먼저, 가장 많이 쓰이는 가능표현 1형에 대해 배워 볼까요?
行く(가다)와 같은 Ⅰ그룹동사는 어미를 「え단」으로 바꾸고 る를 붙여 가능표현을 만듭니다. 「行ける」하면 '갈 수 있다, 갈 줄 안다'가 됩니다.

Ⅰ	行	く	가다
		ける	갈 수 있다 / 갈 줄 안다
		けます	갈 수 있습니다 / 갈 줄 알아요

食べる(먹다)와 같은 Ⅱ그룹동사는 어간에 그대로 られる를 붙입니다. 「食べられる」는 '먹을 수 있다, 먹을 줄 안다'는 뜻입니다.

Ⅱ	食べ	る	먹다
		られる	먹을 수 있다 / 먹을 줄 안다
		られます	먹을 수 있습니다 / 먹을 줄 알아요

그리고, Ⅲ그룹동사 する(하다)와 来る(오다)의 가능표현은 각각「できる(할 수 있다)」,「来られる(올 수 있다)」입니다.

Ⅲ	する	하다	→	できる	할 수 있다 / 할 줄 안다
			→	できます	할 수 있습니다 / 할 줄 알아요
	来る	오다	→	来られる	올 수 있다 / 올 줄 안다
			→	来られます	올 수 있습니다 / 올 줄 알아요

문장 끝에 붙는「の」
문장 끝에 붙는 の는 아이나 여성이 질문이나 가벼운 단정에 쓰는 말입니다.

명사에 に를 붙이면 목적이 돼요
'スキー(ski)に行く(스키타러 가다)' 처럼 동작성 명사에 조사「に」를 붙여'~하러 간다'는 목적을 나타낼 수 있습니다. 예를 들어「買い物に行く」는 '쇼핑하러 간다', 旅行に行く는 '여행간다', 出張に行く는 '출장간다'는 뜻이 됩니다.

▶ このパソコン(PC)、こわれています。もう使えません。
　　이 PC 망가졌어요. 이제 못 써요.

▶ 行かなかったの？　行けなかったの？
　　안 갔어? 못 갔어?

▶ インターネット(internet)は難しいですか。
　　인터넷은 어렵습니까?

　いいえ、すぐできますよ。　아뇨, 금방 할 수 있어요.

▶ 来週 スキー(ski)に行きませんか。
　　다음 주에 스키 타러 가지 않을래요?

　行きたいですが、私はスキーができません。
　　가고 싶지만, 저는 스키를 못 타요.

▶ 毎日来られますか。　매일 올 수 있어요?
　ええ、午後は来られます。　네, 오후에는 올 수 있어요.

꼼꼼체크 ✓　가능표현 1형

Ⅰ그룹동사	Ⅱ그룹동사	Ⅲ그룹동사
어미 え단+る	어간+られる	できる 할 수 있다
예)行ける 갈 수 있다	예)見られる 볼 수 있다, 食べられる 먹을 수 있다	来られる 올 수 있다

02 가능표현 2형

コピー(copy)する**ことができますか**。
복사할 수 있어요?

すみません、ここでは
コピーする**ことができないんです**。
미안합니다, 여기서는 복사할 수 없어요.

가능표현 2형은 동사의 기본형에「ことができる」를 붙이면 됩니다. '복사할 수 있어요'는 복사하다(コピーする)에 ことができます를 붙여「コピーすることができます」라고 합니다.

▶ 運転_{うんてん}することができますか。　운전할 줄 알아요?
　ええ、できますよ。　　　　　　네, 할 수 있어요.
▶ インラインスケート(inline skate)をすることができますか。
　　　　　　　　　　　　　　　　인라인 스케이트 탈 줄 알아요?
　いいえ、乗れません。　　　　　아뇨, 못 타요.
▶ 本_{ほん}を借_かりることができますか。　책 빌릴 수 있어요?
　ええ、できますよ。　　　　　　네, 됩니다.

꼼꼼체크 ✓　가능표현 2형

Ⅰ그룹동사	Ⅱ그룹동사	Ⅲ그룹동사
기본형 + ことができる		
예 行_いくことができる(갈 수 있다)		
食_たべることができる(먹을 수 있다)		
することができる(할 수 있다)		

콕콕 실력체크

1 다음 문장을 「～ことができる」형태로 고쳐 보세요.

① 目玉焼きを作ります。
　→ _____。

② 長い時間ゲーム(game)をやります。
　→ _____。

③ 夜遅くまで仕事をします。
　→ _____。

📎 **Word**
目玉焼き 달걀후라이 | 夜遅くまで 밤늦게까지

2 다음 질문에 보기와 같이 답해 봅시다.

> 【보기】
> 運転ができますか。
> → ええ、運転ができます。
> → いいえ、運転はできません。

① 二次会まで行けますか。
　→ ええ、_____。

② うなぎが食べられますか。
　→ いいえ、_____。

③ 日本語で電話がかけられますか。
　→ ええ、_____。

📎 **Word**
二次会 2차 | うなぎ 장어 | 電話をかける 전화를 걸다

3 다음에서 단어를 골라 적당한 형태로 고쳐 보세요.

| 書く 踊る 行く 寝る 会う |

① 一人でホテル(hotel)まで＿＿＿＿＿＿＿ことができます。
② もう日本語でメール(mail)が＿＿＿＿＿＿＿人もいます。
③ 金さんはタンゴ(tango)が＿＿＿＿＿＿＿そうですよ。
④ 今夜は暑くて＿＿＿＿＿＿＿。
⑤ あしたの午前中に＿＿＿＿＿＿＿か。

Word
書く 쓰다 | 踊る 춤추다 | 寝る 자다

 덤으로 배우는 한자

| 青 | 음 せい 청
훈 あおい 푸르다 | せいねん
青年 청년 |

| 赤 | 음 せき 적
훈 あかい 붉다 | せきしょく
赤色 적색 |

| 切 | 음 せつ 절
훈 きる 자르다　きれる 잘려지다 | たいせつ
大切だ 소중하다 |

| 先 | 음 せん 선
훈 さき 앞 | せんせい
先生 선생님 |

| 洗 | 음 せん 세
훈 あらう 씻다 | せんたく
洗濯 세탁 |

| 前 | 음 ぜん 전
훈 まえ 앞 | ごぜん
午前 오전
えきまえ
駅前 역 앞 |

| 早 | 음 そう 조　さっ 조
훈 はやい 이르다 | そうちょう　さっそく
早朝 조조　早速 당장 |

| 送 | 음 そう 송
훈 おくる 보내다 | ほうそう
放送 방송 |

| 速 | 음 そく 속
훈 はやい 빠르다 | かいそく
快速 쾌속 |

| 増 | 음 ぞう 증
훈 ふえる 늘다　ふやす 늘리다 | ぞうか
増加 증가 |

12. 가능표현　175

13 수수표현

あげる　　　　(내가 남에게) 주다
くれる　　　　(남이 나에게) 주다
もらう　　　　받다
～が ～てくれる
～に ～てもらう　] ～가 ～해 주다

01 あげる・さしあげる・やる

これ、あげる。
이거 줄게.

ほんとう？
정말?

'줄게, 받아' 처럼 수수표현은 뭔가를 주거나 받는 동작을 나타내는 말입니다. 일본어의 수수표현은 「あげる(주다), くれる(주다), もらう(받다)」를 써서 나타내는데, 우리말과 달리, '주다'에 해당하는 표현이 둘입니다. 「あげる」와 「くれる」는 주는 사람이 누구냐에 따라 구별해 쓰고 있죠. 말하자면, 내가 남한테 줄 때는 「あげる」를, 남이 내게 줄 때는 「くれる」를 씁니다.

그리고, 상대에 따라 높임말을 쓸지 반말을 쓸지 정하는 것처럼 일본어에도 그에 해당하는 표현이 있습니다. 「**あげる**(주다)」는 **대등한 관계**에서 쓰는 말이고, **윗사람한테 줄 때**는 존댓말 「**さしあげる**(드리다)」, **아랫사람이나 동식물한테 줄 때**는 반말 「**やる**(주다)」를 씁니다.

우선 「あげる」를 볼까요?

① 내(나와 관계된 사람, 가족, 동료)가 타인에게 주는 경우 「**あげる**」
➤ 私は鈴木さんに時計を**あげました**。
　　　　　　　　나는 스즈키 씨한테 시계를 **주었습니다**.(나→타인)
➤ 兄は木村さんに花を**あげました**。
　　　　　　　　형은 기무라 씨한테 꽃을 줬어요.(나의 가족→타인)

② 타인이 타인에게 주는 경우 「あげる」
➤ 佐藤さんは山田さんにりんごをあげました。

　　　　　　　사토 씨는 야마다 씨한테 사과를 **주었습니다**.

③ 윗사람에게 줄 때는 「あげる」 대신 **존댓말** 「さしあげる(드리다)」
➤ 私は先生に旅行のおみやげをさしあげました。

　　　　　　　나는 선생님께 여행 선물을 **드렸어요**.

④ 동식물이나 아랫사람에게 줄 때는 반말 「やる」
➤ 私は猫にミルク(milk)をやりました。

　　　　　　　나는 고양이한테 우유를 **주었어요**.

➤ 妹にお小遣いをやります。

　　　　　　　여동생에게 용돈을 **줍니다**.(あげる도 가능함)

선물에도 여러가지 표현이 있어요!

「プレゼント(present)」「贈り物」「おみやげ」 모두 선물을 뜻하는 말입니다. 우리가 흔히 말하는 결혼 선물, 생일 선물 같은 축하선물은 「プレゼント(present)」 또는 「贈り物」라고 합니다. 「おみやげ」는 여행지에서 산 기념품이나, 남의 집을 방문할 때 들고 가는 과자 같은 것을 가리키는 말이죠. 어느 쪽이든 받기만 하면 다 좋다구요?

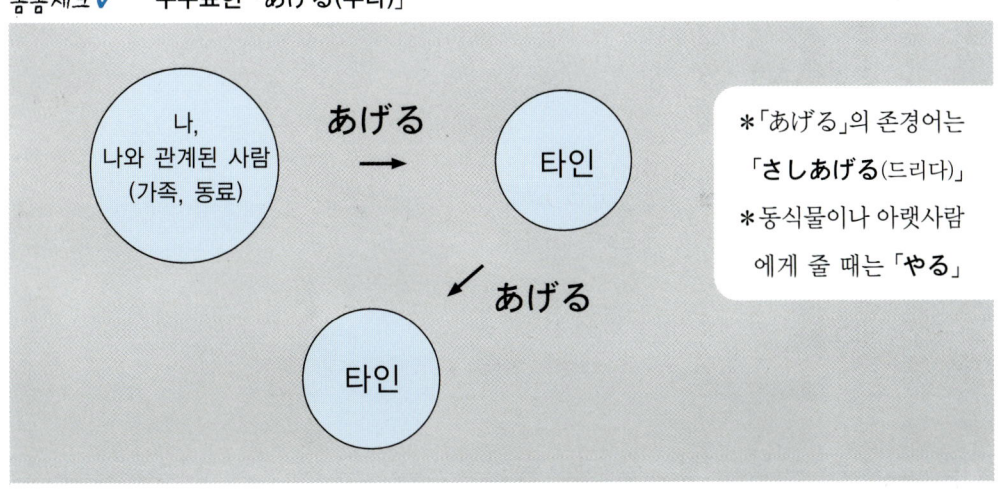

| 02 | くれる・くださる |

私にプレゼントくれる?
나한테 선물 줄래?

다음은 くれる입니다. くれる는 남이 내게 주는 경우입니다. 윗사람이 줄 때는 존댓말「くださる(주시다)」를, 아랫사람이나 대등한 관계의 사람이 줄 때는 반말「くれる(주다)」를 씁니다.

① 타인이 나(나와 관계된 사람, 가족 동료)에게 줄 때는「くれる」
➤ 木村さんは姉に時計をくれました。
　　　기무라 씨는 누나한테 시계를 줬어요. (타인 → 나의 가족)

➤ 私には何もくれないんか。
　　　내게는 아무것도 안 줘요? (타인 → 나)

②「くれる」의 존댓말은「くださる(주시다)」
➤ 先生は私にカメラ(camera)をくださいました。
　　　선생님께서는 내게 카메라를 주셨어요.

꼼꼼체크 ✓　수수표현「くれる(주다)」

*「くれる」의 존경어는
「くださる(주시다)」

나,
나와 관계된 사람
(가족, 동료)　←　くれる　타인

03 もらう・いただく

あら、かわいい。
어머, 귀엽다!

彼氏(かれし)にもらったの。
남자친구한테 받았어.

다음은 もらう입니다.

'받다'가「もらう」라고 했죠?「あげる」나「くれる」처럼 주는 쪽이나 받는 쪽에 대한 구분이 없습니다. 받는 사람이 주어이며 받는 행위에 초점이 있습니다. '~한테서 ~을 받다'라고 할 때 '~한테서'는「に」또는「から」를 써서 나타냅니다.

① 누군가(대등한 관계나 아랫사람)에게 뭔가를 받을 때「もらう」

➤ いいシャツ(shirts)ですね。 셔츠 멋지네요.
  バレンタインデー(Valentine's Day)によしこさんにもらいました。 발렌타인데이때 요시코 씨한테 받았어요.
➤ 私が結婚(けっこん)した時は、友達にコーヒーカップ(coffee-cup)やエプロン(apron)をもらいました。
  내가 결혼했을 때는 친구한테서 커피잔이랑 에이프런을 받았어요.

② 「もらう」의 겸양어「いただく」는 윗사람에게 받을 때 쓴다.
➤ この前(まえ)、いただいたケーキ(cake)、とてもおいしかったです。
  지난 번에 주신 케이크, 정말 맛있었어요.

꼼꼼체크 ✓   수수표현「もらう(받다)」

 もらう ←   *「もらう」의 겸양어는「いただく」

콕콕 핵심문법

04 てあげる・てくれる・てもらう

消(け)しゴム、貸(か)してくれる?
지우개, 빌려 줄래?

はなちゃんに消しゴム、貸してもらったの。
하나가 지우개, 빌려 줬어.

かばん、もってあげる。
가방, 들어 줄게.

일본은 만화 천국

일본은 만화(マンガ)천국입니다. 만화가 종합예술일 정도로 문학에서 역사, 과학, 의학에 이르기까지 만화에 담지 못할 장르가 없다는 나라입니다. 재미도 재미지만, 전철로 한 두 시간씩 통근해야 하는 환경은 일본 사람들을 책벌레, 만화벌레로 만들었습니다.

「あげる, くれる, もらう」는 물건을 주고 받는 경우에 쓰였죠? 이번에는 '빌려 줄래?' '빌려줬어' 처럼 어떤 동작을 주고 받는 표현에 대해 알아볼까요?

보통 '~가 ~해 주다' 라는 식으로 나타내는데, 이럴 때는 동사의 て형을 써서「~が~てくれる、~に~てもらう」라고 합니다.「~が~てあげる」도 있지만 이 표현은 다른 사람에게 은혜를 베푸는 인상을 주기 때문에 친한 사이가 아니면 안 쓰는 게 좋습니다.

그런데「~に~てもらう」는 직역하면 '~로부터 ~해 받다(?)' 는 뜻이 되죠? 우리말에는 없는 표현입니다. 그래서 해석할 때는 주체를 바꿔 '~가 ~해 주다' 로 해야 자연스럽습니다.

「はなちゃんが(私に)消しゴム、貸してくれたの(하나가 지우개, 빌려 줬어)」와「(私は)はなちゃんに消しゴム、貸してもらったの(하나한테 지우개 빌려 받았어)」는 같은 뜻입니다. 다만,「~に~てもらう」는 주어가 혜택을 받는 사람이므로 그 입장에서 말하고 있는 것이고,「~が~てくれる」는 혜택을 주는 사람에 초점이 있는 거죠. 그리고 윗사람이 뭔가를 줄 때는 존경어를 써서,「~が~てくださる」또는「~に~ていただく」로 나타냅니다.

➤ 来(き)てくれてありがとう。　와 줘서 고마워.
➤ よしこさんにマンガを貸(か)してもらいました。
　　　　　　　　　　　요시코 씨가 만화 빌려 줬어요.
➤ 日本人の友達(ともだち)が(私に)日本語を教(おし)えてくれました。
　＝日本人の友達に日本語を教えてもらいました。
　　　　　　　　　　　일본인 친구가 일본어를 가르쳐 주었어요.
➤ 先生(せんせい)が私(わたし)の発音(はつおん)を直(なお)してくださいました。
　＝先生に私の発音を直していただきました。
　　　　　　　　　　　선생님께서 내 발음을 고쳐 주셨어요.

꼼꼼체크 ✓　수수표현「～てくれる」와「～てもらう」

～が～てくれる	～が～てくださる
＝ ～に～てもらう	＝ ～に～ていただく
～가 ~해 주다	～께서 ~해 주시다

콕콕 실력체크

1 _____에 적당한 조사를 넣어 보세요.

① 鈴木さんは李さん_____音楽会のチケット(ticket)_____もらいました。
② 父_____私_____携帯電話_____くれました。
③ 私は娘_____おもちゃ_____やりました。
④ 金さんは木村さん_____お金_____貸してあげました。
⑤ 私_____部長_____車で送っていただきました。

2 다음을 같은 뜻을 가진 문장으로 만들어 보세요.

① 弟は先生に日本地図をいただきました。
　→ 先生は_____

② あなたは金さんに何をもらいましたか。
　→ 金さんは_____

③ 子供の時、母は本を読んでくれました。
　→ 子供の時、私は_____

④ 私は鈴木さんに本を買ってもらいました。
　→ 鈴木さんは_____

⑤ 先生は金さんに日本の歌を教えてくださいました。
　→ 金さんは_____

3 다음에서 어휘를 골라 적당한 형태로 고쳐 보세요.

> やる、あげる、さしあげる、くれる、くださる、もらう、いただく

① 私が先生から＿＿＿＿＿＿小説はまだ読んでいません。
② 私は鈴木さんから＿＿＿＿＿＿花に毎日水を＿＿＿＿＿＿います。
③ 私が作って＿＿＿＿＿＿イタリア(Italy)料理を友達はおいしく食べています。
④ 社長は鈴木さんにお茶を入れて＿＿＿＿＿＿
⑤ 主人は私の仕事を手伝って＿＿＿＿＿＿

덤으로 배우는 한자

| 足 | 음 そく 족
훈 あし 발　たりる 족하다, 충분하다　たす 더하다 | えんそく
遠足 소풍 |

| 多 | 음 た 다
훈 おおい 많다 | たしょう
多少 다소 |

| 太 | 음 たい 태
훈 ふとい 굵다　ふとる 살찌다 | たいよう
太陽 태양 |

| 体 | 음 たい 체
훈 からだ 몸 | ぜんたい
全体 전체 |

| 待 | 음 たい 대
훈 まつ 기다리다 | きたい
期待 기대 |

| 大 | 음 だい 대　たい 대
훈 おおきい 크다 | だいがく　たいかい
大学 대학　大会 대회 |

| 代 | 음 だい 대
훈 かわる 대신하다 | じだい
時代 시대 |

| 暖 | 음 だん 난
훈 あたたかい 따뜻하다 | だんぼう
暖房 난방 |

| 知 | 음 ち 지
훈 しる 알다 | ちしき
知識 지식 |

| 着 | 음 ちゃく 착
훈 きる 입다　つく 도착하다 | とうちゃく
到着 도착 |

14 수동표현

1. ～に～(ら)れる　　～한테, ～당하다
2. (～によって)～(ら)れる (～에 의해)～되다

01 피해자가 있는 수동문

どうしたんですか。
왜 그래요?

蜂に刺されたんです。
벌에 쏘였어요.

~んですか

「どうしましたか」와 「どうしたんですか」는 같은 뜻입니다. 다만, 「どうしましたか」에는 말하는 사람의 감정이 들어 있지않지만, 「どうしたんですか」에는 상대방의 모습을 보고, 걱정스러워 어떻게 된 일인지 설명을 요구하는 마음이 들어 있죠.

이처럼, 「~んですか」는 상대방에게 이유에 대한 설명을 요구할 때 잘 쓰는 표현입니다.

능동과 수동의 뜻을 알고 있나요? 능동은 스스로 움직이는 것을 말하고, 수동은 본인의 의사와 상관없이 누군가의 영향을 받아 움직이는 것을 말합니다. 그래서 수동표현은 피해자가 직접적으로 입은 피해나 손해를 나타낼 때 주로 쓰이죠. 일반적으로 '~한테 ~당하다' 라는 식인데, 일본어로는 「~に~(ら)れる」가 됩니다. 예를 들어, '벌이 쐈어'의 수동표현은 '벌에 쏘였어' 가 되는거죠. '벌이 쐈어' 는 「蜂が刺した」이고 '벌에 쏘였어' 는 「蜂に刺された」입니다. 가해자는 어떻게 나타냈죠? 조사 「に」로 나타내고 있습니다.

우리말의 수동표현은 일반적으로 '먹히다, 쏘이다' 같이 동사의 어간 형태를 바꾸거나 '~되다, ~당하다' 같은 말을 붙여 나타내는데, 일본어는 동사에 「~(ら)れる」만 붙이면 되니까 훨씬 간단하죠.

그럼, 동사의 수동형에 대해 알아 볼까요? 行く와 같은 Ⅰ그룹동사는 어미를 「あ단」으로 바꾸고 「れる」를 붙입니다. 「行かれる(가지다, 가게 되다)」가 되는 거죠. 또 食べる와 같은 Ⅱ그룹동사는 어간에 그대로, 「られる」를 붙입니다. 「食べられる」는 '먹게 되다' 라는 뜻입니다. 그리고 Ⅲ그룹동사 「する, 来る」의 수동형은 각각 「される(되다, 당하다)」, 「来られる(오게 되다)」입니다. 앞에서 배운 가능표현과 される만 빼고 형태가 같은 것을 알 수 있죠.

➤ 先生がしかりました。
　→ 先生にしかられました。　　선생님한테 야단맞았어요.

➤ 後ろの人がコーヒー(coffee)をこぼしました。
　→ 後ろの人にコーヒー(coffee)をこぼされました。
　　　　　　　　　　　　　뒤에 있던 사람이 커피를 엎질렀어요.

➤ 母が弟をほめました。
　→ 弟は母にほめられました。　남동생은 어머니께 칭찬받았어요.

➤ 友達がいじめました。
　→ 友達にいじめられました。　친구한테 괴롭힘 당했어요.

➤ 犬が私の手をかみました。
　→ 犬に手をかまれました。　　개한테 손을 물렸어요.

➤ どろぼうがカメラ(camera)を盗みました。
　→ どろぼうにカメラ(camera)を盗まれました。
　　　　　　　　　　　　　도둑이 카메라를 훔쳤어요.
　　　　　　　　　　　　　(=카메라를 도둑맞았어요.)

꼼꼼체크 ✓　피해자가 있는 수동문

(피해자는) 가해자에 ~(ら)れる
~한테 ~당하다

14. 수동표현　**189**

그런데, '아버지가 돌아가셔서 학교를 결석했어요.', '비를 맞아 감기 걸렸어요.', '친구가 와서 공부를 못했어요' 처럼, 우리말은 수동이 아니지만, 일본어는 수동표현을 써서 그 일로 인한 간접적 피해를 나타내기도 합니다. 이를 자동사의 수동표현이라고 했는데, 우리말에는 없는 표현이므로 주의하세요.

➤ 父に死なれて学校を休みました。

　　　　　　　　　　　　　아버지가 돌아가셔서 학교를 결석했어요.

➤ 雨に降られて風邪をひいてしまったんです。

　　　　　　　　　　　　　비를 맞아 감기 걸렸어요.

➤ 昨日、友達に来られて勉強できませんでした。

　　　　　　　　　　　　　어제 친구가 와서 공부 못했어요.

꼼꼼체크 ✓   동사의 수동형

Ⅰ그룹동사	Ⅱ그룹동사	Ⅲ그룹동사
行く→行かれる 가다 가지다, 가게 되다	見る→見られる 보다 보게 되다	する→される 하다 되다, 당하다
	食べる→食べられる 먹다 먹게 되다	来る→来られる 오다 오게 되다

02 피해자가 없는 수동문

『ノルウェー(Norway)の森』は村上春樹に よって書かれました。

『노르웨이의 숲』은 무라카미 하루키에 의해 쓰여졌습니다.

수동표현에는 기본적으로 피해자가 있습니다. 그런데, 피해자 없이 동사의 형태만 수동으로 나타내기도 합니다. '『노르웨이의 숲』은 무라카미 하루키에 의해 쓰여졌습니다', '입학식은 3월에 치러집니다' 같은 경우죠. 이런 표현은 주로 사실에 대한 묘사나 보도내용을 다룰 때 많이 쓰입니다. 그리고, 동작의 주체가 불특정 다수이거나 알 수 없는 경우가 대부분이지만, '무라카미 하루키에 의해'처럼 주체가 있으면 「~によって(~에 의해)」를 써서 나타냅니다.

➤ 入学式は三月に行われます。
　　　　　　　　　　입학식은 3월에 치뤄집니다.

➤ この新聞は1980年に創刊されました。
　　　　　　　　　　이 신문은 1980년에 창간되었습니다.

➤ この曲はモーツァルト(Mozart)によって作曲されました。
　　　　　　　　　　이 곡은 모차르트에 의해 작곡되었습니다.

꼼꼼체크 ✓ 피해자가 없는 수동문

　　사물 は (~によって) ~(ら)れる
　　~은 (~에 의해) ~되다

실력체크

1 ＿＿에 적당한 조사를 넣어 보세요.

① 込んでいる電車の中で、私＿＿＿＿足＿＿＿＿踏まれました。

② 鈴木さんは金さん＿＿＿＿ダンスパーティー(dance party)＿＿＿＿
招待されました。

③ 大好きだった子犬＿＿＿＿死なれました。

④ 金さん＿＿＿＿李さん＿＿＿＿なぐられました。

📎 Word
なぐる 때리다 ｜ 踏む 밟다

2 보기와 같이 고쳐 보세요.

> 後ろの人がコーヒー(coffee)をこぼしました。 〈보기〉
> → 後ろの人にコーヒーをこぼされました。

① 友達が私の弁当を食べました。

→ ＿＿＿＿＿＿＿＿＿＿＿＿＿＿＿＿＿＿＿＿＿＿＿＿＿＿＿

② 卒業式は午前10時から行います。

→ ＿＿＿＿＿＿＿＿＿＿＿＿＿＿＿＿＿＿＿＿＿＿＿＿＿＿＿

③ 夜遅く友達が来て寝られませんでした。

→ ＿＿＿＿＿＿＿＿＿＿＿＿＿＿＿＿＿＿＿＿＿＿＿＿＿＿＿

④ 電車を降りる時、後ろの人が押しました。

→ _____

✎Word
行う 행하다, 거행하다 ｜ 押す 밀다

3　다음에서 어휘를 골라 적당한 형태로 고쳐 보세요.

> 建てる　　泣く　　盗む　　頼む

① A 鈴木さん、顔色が悪いですね。
　 B 昨日、自転車を_____しまったんです。

② A 立派なお寺ですね。古いでしょうね。
　 B ええ、1300年に_____そうです。

③ A 李さん、明日は暇ですか。
　 B すみません。先生に翻訳を_____忙しいんです。

④ A 金さん、元気がないですね。
　 B ゆうべ、赤ちゃんに_____寝られなかったんですよ。

덤으로 배우는 한자

| 中 | 음 ちゅう 중
훈 なか 안, 속, 가운데 | ちゅうしん
中心 중심 |

| 長 | 음 ちょう 장
훈 ながい 길다 | しゃちょう
社長 사장 |

| 通 | 음 つう 통
훈 とおる 지나가다　かよう 다니다 | こうつう
交通 교통 |

| 痛 | 음 つう 통
훈 いたい 아프다 | ずつう
頭痛 두통 |

| 店 | 음 てん 점
훈 みせ 가게 | しょてん
書店 서점 |

| 伝 | 음 でん 전
훈 つたえる 전하다　つたわる 전해지다 | でんとう
伝統 전통 |

| 当 | 음 とう 당
훈 あたる (꿈, 과녁, 복권)맞다　あてる (꿈, 과녁, 복권)맞히다 | とうじ
当時 당시 |

| 東 | 음 とう 동
훈 ひがし 동쪽 | とうざい
東西 동서 |

| 登 | 음 とう 등
훈 のぼる 오르다 | とうじょう
登場 등장 |

| 道 | 음 どう 도
훈 みち 길 | どうろ
道路 도로 |

15 사역표현

1. ~に~を~(さ)せる　　　~한테 ~를 ~시키다
   ~を~(さ)せる　　　　~하게 하다
2. ~(さ)せて いただきたい　　~하고 싶습니다
   ~(さ)せて いただけませんか　~해도 되겠습니까?
   ~(さ)せて くださいませんか　~해 주시겠어요?
3. ~に~(さ)せられる　　　~때문에 마지못해 ~하다

01 사역문

部屋の掃除をさせたり、
食事の準備をさせたりします。

방청소를 시키든가, 식사 준비를 시켜요.

사역표현은 본인 의사와 상관없이 누군가한테 어떤 일을 강요하거나 그렇게 하도록 만드는 행위입니다. 보통 '~한테 ~시키다', '~하게 하다'라는 식으로 표현하는데, 일본어로는 「~に~を~(さ)せる」, 「~を~(さ)せる」라고 나타냅니다. 예를 들어, '방청소 했어'의 사역표현은 '방청소 시켰어'가 되는 거죠. '방청소 했어'는 「部屋の掃除をした」이고 '방청소 시켰어'는 「(私に)部屋の掃除をさせた」입니다. 피해자는 조사 「に」로 나타내죠. 앞에서 배운 수동표현과 반대죠?

우리말의 사역표현은 일반적으로 '놀리다, 입히다' 같이 동사의 어간 형태를 바꾸거나 '~시키다, ~하게 하다' 같은 말을 붙여 나타내는데 일본어는 동사에 「~(さ)せる」만 붙이면 되므로 우리말보다 훨씬 단순해 보입니다. 하지만, 「休ませていただきたいんですが(쉬고 싶은데요)」처럼 사역표현이면서 강요와는 전혀 거리가 먼 표현도 있고, 사역에 수동을 결합한 표현도 있기 때문에 주의해야 합니다.

꼼꼼체크 ✓ 사역문

| 가해자 는 | 피해자 에 | ~를 ~(さ)せる | ~는 ~한테 ~시키다 |
| 가해자 는 | 피해자 를 | ~(さ)せる | ~는 ~를 ~하게 하다 |

그럼, 동사의 사역형에 대해 배워 볼까요? 行く와 같은 Ⅰ그룹동사는 어미를 「あ단」으로 바꾸고 「せる」를 붙입니다. 즉, 「行かせる(가게 하다, 보내다)」가 되는 거죠. 食べる와 같은 Ⅱ그룹동사는 어간에 그대로 「させる」를 붙입니다. 즉, 「食べさせる(먹게 하다, 먹이다)」가 됩니다. 그리고 Ⅲ그룹동사 「する, 来る」는 각각 「させる(시키다)」, 「来させる(오게 하다)」가 됩니다.

➤ 友達は私にお酒を飲ませました。
　　　　　　　　　친구가 나한테 술을 **먹였어요**.
➤ 先生は彼を研究室に来させました。
　　　　　　　　　선생님이 그한테 연구실로 **오라고 했어요**.
➤ 冗談を言って、友達を笑わせました。
　　　　　　　　　농담을 해서 친구를 **웃겼어요**.
➤ くだものをたくさん食べさせました。
　　　　　　　　　과일을 많이 **먹였어요**.
➤ 嫌いなものは無理に食べさせないでください。
　　　　　　　　　싫어하는 음식은 억지로 **먹이지 마세요**.
➤ 母は私にピアノ(piano)をひかせました。
　　　　　　　　　어머니는 내게 피아노를 **치게 했어요**.
➤ 子供には1日に1時間だけゲーム(game)をさせます。
　　　　　　　　　아이한테는 하루에 한 시간만 게임하게 **합니다**.
➤ 部長は鈴木さんをアメリカ(America)へ行かせました。
　　　　　　　　　부장님은 스즈키 씨를 미국으로 **보냈어요**.

꼼꼼체크 ✓　동사의 사역형

Ⅰ그룹동사	Ⅱ그룹동사	Ⅲ그룹동사
行く → 行かせる 가다　가게 하다, 보내다	見る → 見させる 보다　보게 하다, 보이다	する → させる 하다　시키다
	食べる → 食べさせる 먹다　먹게 하다, 먹이다	来る → 来させる 오다　오게 하다

15. 사역표현

02 허락을 구하는 사역표현

あした休<small>やす</small>ませていただきたいんですが…。
내일 쉬고 싶은데요….

일본어는 사역표현이 쓰였다고 해서 무조건 뭔가를 강요한다고 생각하면 곤란합니다. '내일 쉬고 싶은데요.' 하려면 「あした休<small>やす</small>ませていただきたいんですが。」라고 보통 말하는데 사역표현이 쓰였죠? 상대방한테 피해를 줄 지도 모를 자신의 행동에 대해서 상대방의 허락을 구할 때 이처럼 사역형을 씁니다. 「休みたいんですが…(쉬고 싶은데요)」나 「休みます (쉴게요)」처럼 직접적인 표현보다는 상대방의 입장을 배려하며 부드럽게 자신의 의사를 전하는 일본어의 특징이 잘 나타나 있는 표현이죠.

이렇게 허락을 구하는 사역표현은 사역형에 수수표현 「〜てもらう」나 「てくれる」을 붙여 나타냅니다. 「もらう」의 겸양어 「いただく」에 희망을 나타내는 「たい」를 붙이면 「いただきたい」가 되죠? 이를 사역형에 연결하면 「〜(さ)せていただきたい」가 됩니다. 그대로 직역하면 '〜시킴을 받고 싶습니다' 이지만, 자연스럽게 '〜하고 싶어요' 라고 하죠. 그래서 「あした休ませていただきたいんですが…」는 '내일 쉬고 싶은데요' 가 됩니다.

그리고 (さ)せていただく에 いただく의 가능형 いただける를 써서 「(さ)せていただけませんか」하면, '~해도 되겠어요?'가 됩니다. 이처럼, 허락을 구하는 사역표현에는 「(さ)せてもらえますか, (さ)せていただけませんか, (さ)せてもらいたい, (さ)せていただきたい, (さ)せてくれますか, (さ)せてくださいませんか」 등 다양한 형태가 있습니다. 잘 쓰는 표현이므로, 꼭 기억해 두세요.

➤ この部屋を使わせてもらいたいんですが。

　　　　　　　　　　　　　　　이 방을 쓰고 싶은데요.

➤ 今日早く帰らせていただきたいんですが。

　　　　　　　　　　　　　　　오늘 일찍 가고 싶은데요.

➤ ちょっと通らせていただきます。　좀 지나가겠습니다.

➤ 写真を撮らせていただけませんか。　사진 찍어 줄 수 없어요?

꼼꼼체크 ✓   허락을 구하는 사역표현

1. ~(さ)せてもらいたいです(いただきたいです)	~하고 싶습니다, 하겠습니다
2. ~(さ)せてもらえませんか(いただけませんか)	~하게 해주시지 않겠어요?, ~해도 되겠어요?
3. ~(さ)せてくれますか(くださいませんか)	~해 줄래요, ~해 주시겠어요?

15. 사역표현 **199**

03 사역수동문

寝たくないのに、早く寝させられました。
자고 싶지 않은데, 일찍 잤어요.

일본어에는 동사의 사역형에 수동형을 붙인 사역수동형도 있습니다. 「~に~(さ)せられる」형식인데, 직역하면 '~에게 시킴을 당하다'가 되지만 자연스럽지 않죠? '~때문에 마지못해 ~하다' 하면 되겠습니다. 가해자는 조사 「に」로 나타냅니다. 원하지 않는 일에 대한 곤혹스러움과 마지못해 그 일을 한다는 느낌을 표현할 때 쓰죠.

예를 들면, 자고 싶지 않은데 일찍 자라고 하니까 할 수 없이 자야 하는 경우 같은 거죠. '자라고 했어'는 「寝させた」이고 '(마지못해) 잤어'는 「寝させられた」입니다.

그럼, 동사의 사역수동형에 대해 배워 볼까요?
行く와 같은 Ⅰ그룹동사는 어미를 「あ단」으로 바꾸고 「される」 또는 「せられる」를 붙입니다. 「行かされる、行かせられる」하면 '마지못해 가다'가 되는 거죠.

食べる와 같은 Ⅱ그룹동사는 어간에 그대로 「させられる」를 붙입니다. 「食べさせられる」는 '마지못해 먹다'라는 뜻입니다.

그리고 Ⅲ그룹동사 する、来る는 각각 「させられる(마지못해 하다), 来させられる(마지못해 오다)」입니다. 헷갈린다고요? 사역형과 사역수동형을 비교하며 공부하는 것도 방법입니다.

꼼꼼체크 ✓ 사역수동문

피해자 は 가해자 に ~(さ)せられる
~때문에 마지못해 ~하다

➤ 歌を歌いたくないのに、**歌わされました**。

　　　　　　　　　　　　　노래 부르고 싶지 않은데, **불렀어요**.

➤ 買い物に行きたくないのに、**行かされました**。

　　　　　　　　　　　　　장보러 가고 싶지 않은데, **갔어요**.

➤ 母に部屋の片付けを**させられました**。

　　　　　　　　　　　　　엄마 때문에 어쩔수 없이 방정리**했어요**.

➤ 日曜日なのに、**働かされました**。

　　　　　　　　　　　　　일요일인데 **일했어요**.

➤ あまり飲めないのに、**飲まされました**。

　　　　　　　　　　　　　잘 못 마시는데 억지로 마셨어요.

꼼꼼체크 ✓　동사의 사역수동형

Ⅰ그룹동사	Ⅱ그룹동사	Ⅲ그룹동사
例 行く→行かされる	例 見る→見させられる	する→させられる
行かせられる	食べる→食べさせられる	마지못해 하다
마지못해 가다	마지못해 먹다	来る→来させられる
		마지못해 오다

15. 사역표현　**201**

콕콕 실력체크

1 다음과 같이 만들어 보세요.

行く	行かせる	行かされる
来る		
使う		
待つ		
寝る		
起きる		
休む		

2 보기와 같이 고쳐 보세요.

> 子供はご飯を食べました。 → お母さんは子供にご飯を食べさせました。 〈보기〉
> 学生は立ちました。 → 先生は学生を立たせました。

① 娘は風邪薬を飲みました。
　→ 私は＿＿＿＿＿＿＿＿＿＿＿＿＿＿＿＿＿＿

② 私は会議の資料をまとめました。
　→ 社長は＿＿＿＿＿＿＿＿＿＿＿＿＿＿＿＿＿

③ うそをついてお母さんが怒りました。
　→ 私は＿＿＿＿＿＿＿＿＿＿＿＿＿＿＿＿＿＿

④ 私たちはレポート(report)を書きました。
　→ 先生は＿＿＿＿＿＿＿＿＿＿＿＿＿＿＿＿＿

3 보기와 같이 대화를 완성해 보세요

> A じゃ、歌を歌いましょうか。
> B 歌は私に歌わせてください。

① A じゃ、お客さんを迎えに行きましょうか。
　 B お客さんは_____
② A じゃ、一緒に部屋を片付けましょうか。
　 B 部屋は_____
③ A じゃ、イタリア(Italy)料理を作りましょうか。
　 B イタリア料理は_____
④ A じゃ、テーブル(table)の準備をしましょうか。
　 B テーブルの準備は_____

4 다음 문장을 완성해 보세요.

① お風呂に入りたくなかったのに、_____。
② 牛乳を飲みたくなかったのに、_____。
③ 夜遅くまで仕事をしたくなかったのに、_____。

덤으로 배우는 한자

動	음 どう 동 훈 うごく 움직이다	うんどう 運動 운동
働	음 どう 동 훈 はたらく 일하다	ろうどう 労働 노동
読	음 どく 독 훈 よむ 읽다	どくしょ 読書 독서
内	음 ない 내 훈 うち 안	こくない 国内 국내
日	음 にち 일　じつ 일 훈 ひ 날　か 일	まいにち　　　ぜんじつ 毎日 매일　前日 전날 　ひ　　　　　　むいか あの日 그 날　六日 6일
入	음 にゅう 입 훈 はいる 들어가다, 들어오다 　　いる 들어가다　いれる 넣다	にゅうがく 入学 입학 いりぐち 入口 입구
年	음 ねん 년 훈 とし 해, 나이	いちねん 一年 일년
売	음 ばい 매 훈 うる 팔다　うれる 팔리다	はんばい 販売 판매
買	음 ばい 매 훈 かう 사다	こうばい 購買 구매
白	음 はく 백 훈 しろい 희다	はくし 白紙 백지

16 연결표현

～て	～고, ～서(나열, 원인·이유)
～から	～니까(원인·이유)
～ので	～서, ～기 때문에(원인·이유)
～が	～지만(역접)
～のに	～(으)ㄴ데도(역접)
～ても(でも)	～해도, ～하더라도(역접)

01 나열표현「て」

私のいとこです。私より二(ふた)つ上(うえ)で、
コンピューター(computer)会社に勤(つと)めています。
내 사촌이에요. 나보다 두 살 위고, 컴퓨터회사에 다니고 있어요.

このリモコン(remote control)は
小さくて軽(かる)いです。
이 리모컨은 작고, 가벼워요.

歯(は)をみがいて寝(ね)なさい。
이 닦고 자거라.

「리모콘(?)」
우리가 무의식중에 쓰고 있는 「테레비(?)」나 「리모콘(?)」은 일본식 외래어 표현입니다. television이 televi(テレビ), remote control이 remocon (リモコン)이 된 거죠.

나열표현「〜て(〜하고)」는 일본어를 이해하는 기본적인 개념 중 하나입니다. '나보다 두 살 위고, 컴퓨터 회사에 다니고 있어요', '작고 가벼워요' 처럼 명사나 い형용사에서는 하나의 대상이나 서로 다른 대상에 대해 설명합니다. 동사에서는 단순히 동작을 연결하거나, '이 닦고 자요'처럼 시간적인 순서 관계를 설명하죠. 「てんぷらで(덴뿌라이고)」, 「ゆうめいで(유명하고)」, 「おもしろくて(재미있고)」, 「行(い)って(가고)」, 모두 て형입니다. 그런데, 「〜て」는 '늦어서 미안해요' '배고파서 죽겠어요' 하는 식으로 이유나 원인을 나타내는 '〜해서'로도 쓰이니 주의하세요.

➤ 花子さんの前は兄で、となりは彼氏です。
　　　　　　　　　하나코 씨 앞은 오빠**고**, 옆은 남자친구예요.
➤ このお寺はとても静かできれいです。
　　　　　　　　　이 절은 아주 조용**하고** 아름답습니다.
➤ 花子さんは目が大きくてかわいいです。
　　　　　　　　　하나코 씨는 눈이 크**고** 귀여워요.
➤ 私はそばを食べて、彼女は冷麺を食べました。
　　　　　　　　　난 메밀국수를 먹**고**, 여자친구는 냉면을 먹었어요.
➤ シャワー(shower)を浴びて寝ましたか。
　　　　　　　　　샤워하**고** 잤어요?

꼼꼼체크 ✓　나열표현 「て」

명사	형용사		동사
	な	い	
~で	~	~くて	~て
~이고, ~하고		~하고	~하고

02　원인・이유표현 「から・ので・て」

風邪^{かぜ}をひいた**から**、薬^{くすり}を買^かってきてください。
감기 걸렸**으니까** 약 좀 사오세요.

風邪をひいた**ので**、家^{うち}で寝ていました。
감기 걸**려서** 집에서 자고 있었어요.

風邪をひい**て**、頭^{あたま}が痛^{いた}いです。
감기 걸**려서** 머리가 아파요.

이유나 원인을 나타낼 때, '~(해)서, ~(하)니까, ~(하)기 때문에'라고 하죠? 이에 해당하는 일본어로는 「~て」와 「~から」, 「~ので」가 있습니다. 특히 「~から」와 「~ので」는 비슷한 점이 많아 구별하기 쉽지 않지만, 기본적인 특징을 기억해 둔다면 도움이 될 것입니다.

①우선 「~から」를 볼까요?
'감기 걸렸으니까 약 좀 사오세요' '시간이 없으니까 택시 타요' 처럼 우리말 '~(하)니까'에 가까운 표현은 「~から」입니다. **말하는 사람의 주관적인 이유**를 나타내기 때문에 「~から」 뒤에는 의지나 명령, 권유표현이 올 수 있습니다. 그래서인지 「~から」는 글보다는 회화에서 많이 쓰입니다. 그리고 '배가 아파서요, 할 말이 있어서요' 처럼 이유를 말하며 말을 끝낼 때도 「~からです(~(하)니까요, ~(해)서요)」라고 합니다.
그럼 「から」는 어떻게 연결할까요? 기본품사의 종지형에 붙이면 됩니다.

➤ 今日^{きょう}はこどもの日^ひだ**から**、遊園地^{ゆうえんち}は人^{ひと}でいっぱいです。
　　　　　오늘은 어린이날이**라서**, 유원지는 사람들로 가득합니다.
➤ 分^わからない**から**、ちょっと教^{おし}えてください。
　　　　　모르**니까** 좀 가르쳐 주세요.

➤ 暑いから、冷麺を食べましょう。　　더우니까 냉면 먹읍시다.
➤ いつもそうだから問題です。　　항상 그러니까 문제에요.
➤ どうして日本語を勉強しますか。　　왜 일본어 공부하세요?
　日本のマンガを読みたいからです。　　일본 만화 보고 싶어서요.

②다음은 「～ので」를 볼까요?

'감기 걸려서 집에 있었어요.' '내일은 바쁘기 때문에 갈 수 없어요.' 처럼 우리말 '～(해)서' 나 '～(하)기 때문에'에 가까운 표현은 「～ので」입니다. '～(하)세요' ' ～(해)요' 같은 명령이나 의지 표현이 뒤에 오면 어색해지죠. 이것은 말하는 사람의 주관적인 이유를 나타내는 「～から」와 달리 「～ので」는 **인과관계나 사실관계 같은 객관적인 이유**를 나타낼 때 쓰이기 때문입니다. 회화나 글 모두 쓸 수 있습니다. 그리고 「～ので」는 기본품사의 수식형에 붙습니다. 특히, 명사와 な형용사는 「てんぷらなので」, 「有名なので」와 같이 な가 필요하므로 주의하세요.

➤ 今日は雨なので、一日中家にいました。
　　　　　　오늘은 비가 와서, 하루종일 집에 있었어요.
➤ この魚は新鮮なので、刺身で食べてもいいです。
　　　　　　이 생선은 신선해서 회로 먹어도 좋아요.
➤ 冷麺がおいしかったので、2人前も注文しました。
　　　　　　냉면이 맛있어서 2인분이나 시켰어요.
➤ 昨日遅く寝たので、今日遅刻しました。
　　　　　　어제 늦게 자서 오늘 지각했어요.

콕콕 핵심문법

③마지막으로「～て」를 볼까요?

「～から」,「～ので」외에「～て(で)」도 이유나 원인을 나타낼 때 많이 쓰입니다. 또「～ので」처럼 명령이나 의지 표현이 뒤에 오면 어색합니다. '감기 걸려서 머리가 아파요' '배고파서 죽겠어요' 처럼「～て」뒤에는 의지 없는 동사나 상태를 나타내는 표현이 옵니다.

➤ 彼がうちのチーム(team)で本当によかった。
　　　　　　　　　　　그가 우리 팀이라서 정말 다행이야.

➤ この料理は簡単で誰でも作れます。
　　　　　　　　　　　이 요리는 간단해서 누구나 만들 수 있습니다.

➤ うるさくて眠れませんでした。　시끄러워서 못 잤어요.

➤ 徹夜をして疲れています。　밤새워서 피곤해요.

➤ おなかがすいてたまりません。　배고파서 죽겠어요.

「～から」,「～ので」,「～て」의 구별이 만만치 않죠? 조급하게 생각 말고 원리를 익히고 자꾸 반복하세요.

꼼꼼체크 ✓　원인 · 이유표현「から, ので, て」

	명사	형용사		동사
		な형용사	い형용사	
종지형+から 수식형+ので て형+て(で)	てんぷらだから てんぷらなので てんぷらで	有名だから 有名なので 有名で	おもしろいから おもしろいので おもしろくて	行ったから 行ったので 行って

210

03 역접표현 「が・のに・ても」

寿司やてんぷらは好きですが、なっとうはちょっと…。
초밥과 튀김은 좋아하지만, 낫또는 좀.

明日試験なのに、もう寝るんですか。
내일 시험인데 벌써 자는 거에요?

いくら待っても帰ってきません。
아무리 기다려도 오지 않아요.

이번에는 역접표현 「〜が」, 「〜のに」, 「〜ても」에 대해 알아볼까요?

① 우선 「〜が」를 볼까요?

「〜が」는 '〜지만, 〜ㅂ니다만' 라는 뜻입니다. '초밥과 튀김은 좋아하지만, 낫또는 좀…' '즐거웠지만, 좀 피곤했어요' 처럼 **뒤에 오는 내용이 앞의 내용과 상반될 때** 쓰입니다. 그리고 「〜が」는 기본품사의 종지형에 붙습니다.

➤ 旅行はどうでしたか。　　　여행은 어땠어요?
　楽しかったです**が**、少し疲れました。
　　　　　　　　　　　　즐거웠지만, 좀 피곤했어요.

➤ 日本語の勉強はどうですか。　일본어 공부는 어때요?
　そうですね。ちょっと難しいです**が**、おもしろいです。
　　　　　　　　　　　　글쎄요. 좀 어렵지만, 재미있어요.

➤ 時間はあります**が**、お金はありません。
　　　　　　　　　　　　시간은 있습니다만, 돈은 없어요.

콕콕 핵심문법

②다음 「～のに」를 볼까요?

「～のに」는 '약을 먹었는데도 낫지 않아요', '내일 시험인데 벌써 자는 거에요?' 처럼 **생각지도 않은 결과나 뜻대로 되지 않는 일에 대한 비난이나 불만스런 감정을 나타낼 때** 쓰는 표현입니다. '～는데(도 불구하고)'에 해당하는 뜻이죠. 「～のに」는 기본품사의 수식형에 붙이는데, 특히 명사와 な형용사는 「てんぷらなので」, 「有名なので」처럼 な가 필요하므로 주의하세요.

➤ もう春なのに、まだ寒い。 벌써 봄**인데**, 아직 춥다.

➤ あんなに上手なのに、なぜ大会に出ないのかしら。
　　　　　　　　　　저렇게 잘하**는데**, 왜 대회에 안나가는 걸까?

➤ こんなに蒸し暑いのに、元気一杯ですね。
　　　　　　　　　　이렇게 무더**운데**, 원기 왕성하네요.

➤ せっかく来たのに、お休みですか。
　　　　　　　　　　모처럼 왔**는데**, 쉬는 날이에요?

➤ あまり食べないのにやせません。
　　　　　　　　　　별로 먹지 않**는데** 살이 안 빠져요.

③마지막으로 「～て(で)も」를 볼까요?

「～ても」는 '비싸도 살 거에요.' '아무리 기다려도 오지 않아요' 처럼 **어떤 조건이라도 결과는 마찬가지라는 사실**을 나타냅니다. '～해도, ～하더라도'에 해당하며, 기본품사의 て형에 붙이면 됩니다.

➤ この問題はやさしくて、子供でも解けるだろう。
　　　　　　　　　　이 문제는 쉬워서 아이**도** 풀 수 있을 것이다.

➤ いくら親切でもまずければ行きません。
　　　　　　　　　　아무리 친절**해도** 맛이 없으면 안가요.

➤ 部屋は小さくてもかまいませんか。　방은 작아도 괜찮아요?
　はい、かまいません。　　　　　　네, 상관없어요.
➤ 洗濯機が動きません。　　　　　　세탁기가 작동을 안해요.
　スイッチ(switch)を入れましたか。　전원 켰어요?
　ええ、入れても動きません。　　　네, 켜도 안 움직여요.
➤ 鈴木さんに連絡しましたか。　　　스즈키 씨한테 연락했어요?
　いいえ、何度電話をかけても出ないんです。
　　　　　　　　　　　　　　　　　아뇨, 몇 번 전화를 걸어도 받질 않아요.

꼼꼼체크 ✓　　역접표현 「が, のに, ても」

	명사	형용사		동사
		な형용사	い형용사	
종지형+が 수식형+のに て형+て(で)も	てんぷらですが てんぷらなのに てんぷらでも	有名ですが 有名なのに 有名でも	おもしろいですが おもしろいのに おもしろくても	行きましたが 行ったのに 行っても

 실력체크

1 보기와 같이 만들어 보세요.

> 日本語は難しいです。でも、おもしろいです。
> → 日本語は難しいですが、おもしろいです。

① 私はスキー(ski)は下手です。でも、スノーボード(snowboard)は上手です。
　→ _____

② この車はデザイン(design)は悪いです。でも、エンジン(engine)はいいです。
　→ _____

③ このアパート(apartmet house)はリビングルーム(living room)は狭いです。でも、寝室は広いです。
　→ _____

2 다음 주어진 어휘를 「～て」형 또는 「～から」형으로 고쳐 문장을 완성해 봅시다.

① 木村さんの噂を_____やっと分かりました。(聞く)
② 天気が_____海にでも行きませんか。(いい)
③ 本が_____簡単に説明してください。(読めなかった)

214

3 「~のに」형을 써서 보기와 같이 만들어 보세요.

> たくさん料理を作りました。あまり食べてくれませんでした。
> → たくさん料理を作ったのに、あまり食べてくれませんでした。

① もう12時すぎです。まだ帰ってきません。
　→ _____

② エアコン(air conditioner)をつけました。少しも涼しくなりません。
　→ _____

③ あの人は歌が上手です。あまり歌いません。
　→ _____

4 다음에서 적당한 어휘를 골라 문장을 완성해 보세요.

> 　て　　から　　ので　　が　　のに　　ても

① 私はテレビ(television)は見ません(　　)、新聞は読みます。
② 病気(　　)顔が赤いんです。
③ 約束の時間に遅れたのは、道がこんでいた(　　)です。
④ 忙しい(　　)手伝ってください。
⑤ 友達にEメール(E-mail)を書いた(　　)返事が来ません。

덤으로 배우는 한자

| 飛 | 음 ひ 비
 훈 とぶ 날다 | ひこうき
飛行機 비행기 |

| 美 | 음 び 미
 훈 うつくしい 아름답다 | びじん
美人 미인 |

| 父 | 음 ふ 부
 훈 ちち 아버지 | ふぼ
父母 부모 |

| 風 | 음 ふう 풍
 훈 かぜ 바람 | たいふう
台風 태풍 |

| 物 | 음 ぶつ 물 もつ 물
 훈 もの 물건 | どうぶつ にもつ
動物 동물 荷物 짐 |

| 分 | 음 ぶん 분 ぶ 분
 훈 わかる 알다 わける 나누다 わかれる 나뉘다 | じぶん だいぶ
自分 자신 大分 대부분 |

| 聞 | 음 ぶん 문
 훈 きく 듣다 きこえる 들리다 | しんぶん
新聞 신문 |

| 閉 | 음 へい 폐
 훈 しめる (문)닫다 しまる 닫히다 とじる 감다, 덮다 | かいへい
開閉 개폐 |

| 別 | 음 べつ 별
 훈 わかれる 헤어지다 | とくべつ
特別 특별 |

| 変 | 음 へん 변
 훈 かえる 변하다 かわる 바뀌다 | たいへん
大変 큰일, 힘듦 |

17 조건표현

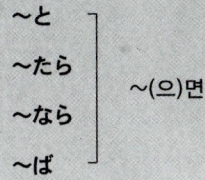

~と
~たら
~なら
~ば
} ~(으)면

01 조건표현 「と」

まっすぐ行くと、信号があります。
곧장 가면 신호등이 있어요.

コンビニは信号を渡ると、右にあります。
편의점은 신호등을 건너면, 오른쪽에 있습니다.

길을 알려주는 표현

길을 물을 때는 「~はどこですか(~는 어디 있어요?)」하면 되죠? 길을 알려주는 표현 몇 가지 배워 볼까요? '곧장 가세요'는 「まっすぐ行ってください」 '오른쪽으로 도세요'는 「右に曲がってください」 '신호등을 건너세요'는 '信号を渡ってください」입니다.

일본어의 조건표현은 「と」,「たら」,「なら」,「ば」 네 가지가 있습니다. 이를 구별해 쓰는 일이 쉽지 않지만, 각 표현의 기본적인 특징을 기억해 둔다면 도움이 될 것입니다.

'①~하면 반드시 ~한다' 는 식의 표현은 「~と」입니다.
'곧장 가면 신호등이 있어요' '겨울이 되면 눈이 와요' '이 버튼을 누르면 뚜껑이 열려요' 와 같이, 자연현상이나 변하지 않는 원리, 보편적인 진리, 기계적인 조작, 길 안내 등을 조건으로 내세울 때 쓰죠. 그리고 「~と」는 각 품사의 종지형에 붙습니다.

➤ いい天気だと、ここから富士山が見えます。
　　　　　　　　　　　날씨가 좋으면, 여기서 후지산이 보입니다.
➤ あまり静かだと怖いです。너무 조용하면 무섭습니다.
➤ うるさいとよく寝られません。
　　　　　　　　　　　시끄러우면 잘 못잡니다.
➤ 冬になると、雪が降ります。겨울이 되면 눈이 와요.
➤ このボタン(button)を押すと、ふたが開きます。
　　　　　　　　　　　이 버튼을 누르면, 뚜껑이 열립니다.

그리고, '②~하니까(하자) ~했다' 하는 식의 표현에도 「~と」를 씁니다. '역에 도착하니까 바로 전철이 왔어요' '학교에 가니까 스즈키 씨가 있었어요' 와 같이 동시에 일어나는 어떤 일을 말하거나 어떤 일을 한 후 알게된 사실을 말할 때도 「~と」입니다.

➤ 駅に着くと、すぐ電車が来ました。
　　　　　　역에 도착하**니까**, 바로 전철이 왔어요.
➤ 学校へ行くと、鈴木さんがいました。
　　　　　　학교 가**니까**, 스즈키 씨가 있었어요.
➤ デパートが開くと同時に、どっと人が押し寄せてきました。
　　　　　　백화점이 열리**자마자** 우르르 사람이 들이닥쳤습니다.

위치를 나타내는 표현
앞은 前, 뒤는 後ろ, 위는 上, 아래는 下, 왼쪽은 左, 오른쪽은 右, 옆은 よこ, 바로옆은 となり라고 합니다. 그럼, 다음은 무슨 뜻일까요?
コンビニのとなりにスーパーがあります。(편의점 바로옆에 슈퍼가 있어요)

꼼꼼체크 ✓　　조건표현 「と」

	명사	형용사		동사
		な형용사	い형용사	
종지형+と ~하면, ~하니까	てんぷらだと 有名だと		おもしろいと	行くと

17. 조건표현　219

02 조건표현 「たら」

100万円あっ**たら**、どうしますか。
100만엔 있**으면** 어떻게 할 거에요?

～まで와 ～までに 의 차이

「～まで」와 「～までに」는 우리말로 다 '～까지'지만, 일정 기간을 말할 때는 「～まで」, 어느 한 시점(최종기한)을 말할 때는 「～までに」를 씁니다. 예를 들어, 「9時から5時まで会社にいます。(9시부터 5시까지 회사에 있습니다.)」는 「～まで」이고, 「レポートは9時までに出してください。(리포트는 9시까지(안으로) 내주세요.)」는 「～までに」입니다.

「～たら」는 ①어떤 일이 이루어진 것을 가정해서 조건으로 내세울 때 쓰는 표현입니다. 예를 들면, '100만엔 있으면 어떻게 할 거에요?', '보너스 나오면 여행가고 싶어요', '기무라 씨 만나면 안부 전해 주세요' 같은 식의 표현이죠. 「～たら」 뒤에는 말하는 사람의 의지, 권유, 희망, 제안, 명령, 의뢰 등을 나타내는 표현이 자유롭게 올 수 있습니다. 그리고 「～と」와 「～ば」는 회화와 글 다 쓰지만, 「～たら」는 주로 회화에서 쓰며 각 품사의 과거형에 붙습니다.

➤ あした雨だっ**たら**どうしますか。
　　　　　　　　　　　내일 비오**면** 어떻게 해요?

➤ 暇だっ**たら**遊びに来てください。
　　　　　　　　　　　시간이 있으**면** 놀러 오세요.

➤ おもしろかっ**たら**私にも貸してください。
　　　　　　　　　　　재미있으**면** 나도 빌려 주세요.

➤ ボーナス(bonus)が出**たら**旅行に行きたい。
　　　　　　　　　　　보너스가 나오**면** 여행가고 싶어!

➤ 木村さんに会っ**たら**よろしく伝えてください。
　　　　　　　　　　　기무라 씨 만나**면** 안부 전해 주세요.

그리고 ②어떤 일을 한 후 알게 된 사실을 말하는 표현 '~했더니 ~했다'에도 「~たら」를 쓸 수 있습니다. 예를 들면, '아침에 일어났더니 눈이 쌓여 있었어요' 같은 식이죠. 「~と」와 마찬가지죠?

▶ 朝起きたら、雪が積もっていました。
　　　　　　　　　　　　　아침에 일어났**더니** 눈이 쌓여 있었어요.

▶ ダイエット(diet)をしたら、すぐ３キロ(kg)やせました。
　　　　　　　　　　　　　다이어트했**더니**, 바로 3킬로 빠졌어요.

그리고 '내일은 몇 시에 오면 돼요?' 라고 말할 때도 「~たら」를 쓰는데, 이는 ③상대방의 지시에 대해 구체적으로 물어볼 때 쓰는 표현입니다. 「~たらいいですか」는 '~하면 돼요?' 라는 뜻입니다.

▶ ホテル(Hotel)の予約は誰に頼んだらいいですか。
　　　　　　　　　　　　　호텔 예약은, 누구한테 부탁하**면** 돼요?

▶ 毎日やったら元気になるでしょうか。
　　　　　　　　　　　　　매일 하**면** 건강해질까요?

꼼꼼체크 ✓　　조건표현 「たら」

	명사	형용사		동사
		な	い	
과거형+たら ~하면, ~했더니	てんぷらだったら 有名(ゆうめい)だったら		おもしろかったら	行(い)ったら

17. 조건표현　**221**

03 조건표현 「なら」

日本のアニメ(animation)**なら**、宮崎馳が最高です。
일본 애니메이션**이라면**, 미야자키 하야오가 최고예요.

미야자키 하야오
미야자키 하야오(宮崎駿)는 우리에게도 친숙한「미래소년 코난」「이웃의 토토로」「천공의 성 라퓨타」「원령공주」등을 만든 일본 애니메이션계의 대부입니다. 그의 작품은 인간미와 도덕적인 가치를 추구하며 자연친화를 강조하고 있습니다.

「〜なら」는 상대방이 한 말을 받아 그것을 조건으로 내세울 때 쓰는 표현입니다. '일본 애니메이션이라면 미야자키 하야오가 최고예요' '버릴 거면 저 주세요' 하는 식이죠. 「〜なら」는 각 품사의 기본형에 붙습니다.

▶ うどん**なら**、この店が最高です。
　　　　　　　우동이라**면**, 이 집이 제일이죠.

▶ 来週からは暇です。 다음 주부터는 한가합니다.
　暇**なら**、旅行にでも行きませんか。
　　　　　　　한가**하면**, 여행이라도 가지 않을래요?

▶ このいす、捨てるんですか。 이 의자 버리는 거예요?
　捨てる**なら**、私に下さい。　버릴 **거면** 저 주세요.

꼼꼼체크 ✓　조건표현 「なら」

	명사	형용사		동사
		な형용사	い형용사	
기본형+なら ~라면	てんぷらなら 有名なら		おもしろいなら	行くなら

222

04 조건표현 「ば」

人ひとが多おければ行いきません。
사람이 많으면 안 갈래요.

「~ば」는 「~と」의 성격도 있고 「~たら」의 성격도 있습니다. '봄이 오면 꽃이 핍니다' 같이 ①**자연현상이나 보편적인 진리를 조건으로 내세울 때**는 「~と」와 바꾸어 쓸 수 있습니다. 그리고 ②**어떤 일이 이루어지기 위한 조건으로 내세울 때**는 「~たら」와 바꾸어 쓸 수 있죠. '사람이 많으면 안 갈래요', '더우면 창문 여세요' 같은 식이죠. 이 때 「~ば」 뒤에는 말하는 사람의 의지, 희망, 명령, 권유 등을 나타내는 표현이 오게 됩니다.

또 「~ば」는 い형용사와 동사에만 붙이는데, い형용사는 「어간+ければ」, 동사는 「어미를 え단으로 바꾸고+ば」를 붙입니다. 「おもしろければ」는 '재미있으면', 「行けば」는 '가면'이란 뜻이죠.

➤ 春はるが来くれば、花はなが咲さきます。　　봄이 오면 꽃이 핍니다.
➤ 都合つごうがよければいっしょに行きませんか。
　　　　　　　　　　　　　　　　괜찮으면 함께 가지 않을래요?
➤ 暑あつければ窓まどを開あけてください。　더우면 창문을 여세요.

그리고, 「~たら」처럼 「~ばいいですか~(하)면 돼요?」라는 형태로 ③ **상대방의 지시에 대해 구체적으로 물을 때도 쓰이는데, 「~たら」보다는** 좀 딱딱하게 들립니다.

➤ このマンガ、とてもよかったわよ。読よまない?
　　　　　　　　　　　　　　　이 만화 너무 괜찮아. 안 볼래?
　ありがとう。いつ返かえせばいい?　고마워. 언제 돌려주면 돼?

꼼꼼체크 ✓　조건표현「ば」

い형용사	동사
~ければ ~하면	~え단+ば ~하면
예 おもしろければ	예 行けば, 食べれば, すれば, 来れば

1 「と」를 써서 보기와 같이 만들어 보세요.

> ビール(beer)を飲みます。顔が赤くなります。
> → ビールを飲むと顔が赤くなります。

① 橋を渡ります。右にポスト(post)があります。
   → _____

② 勉強しません。成績が下がります。
   → _____

③ 母は怒ります。顔が赤くなります。
   → _____

2 「ば」를 써서 보기와 같이 만들어 보세요.

> 天気がいいです。温泉に行きます。
> → 天気がよければ温泉に行きます。

① あなたが行きます。私も行きます。
   → _____

② 仕事が忙しくありません。コンサート(concert)に行くつもりです。
   → _____

③ 10分だけ待ちます。木村さんに会えます。
   → _____

3 「なら」를 써서 상대방한테 적절한 조언을 해 주세요.

① A 日曜日にプール(pool)に行くんです。
　 B ＿＿＿＿＿＿なら＿＿＿＿＿＿ほうがいいですよ。

② A ダイエット(diet)をしたいんです。
　 B ＿＿＿＿＿＿なら＿＿＿＿＿＿ほうがいいですよ。

③ A おいしいスパゲッティ(spaghetti)を食べたいんです。
　 B ＿＿＿＿＿＿なら＿＿＿＿＿＿ほうがいいですよ。

4 「と, たら, なら, ば」를 써서 (　)안의 어휘를 적당한 형태로 고쳐 보세요.

① 早く＿＿＿＿＿授業に遅れてしまいます。(起きる)
② 明日は鈴木さんの誕生日ですね。何を＿＿＿＿＿いいですか。(あげる)
③ 日本に＿＿＿＿＿連絡してください。(来る)
④ 静かでも＿＿＿＿＿寝られません。(明るい)
⑤ A 海を見に行きたいんですが…。
　 B 海を見に＿＿＿＿＿、江ノ島へ＿＿＿＿＿どうですか。(行きたい、行く)
⑥ ＿＿＿＿＿一緒に来ませんか。(いい)

덤으로 배우는 한자

歩	음 ほ 보 훈 あるく 걷다	歩道(ほどう) 보도
方	음 ほう 방 훈 かた 방법, 방식	地方(ちほう) 지방
訪	음 ほう 방 훈 おとずれる 방문하다　たずねる 방문하다	訪問(ほうもん) 방문
味	음 み 미 훈 あじわう 맛보다	意味(いみ) 의미
名	음 めい 명 훈 な 이름	有名(ゆうめい) 유명 名前(なまえ) 이름
明	음 めい 명 훈 あかるい 밝다　あかり 빛　あきらか 명확함	説明(せつめい) 설명
命	음 めい 명 훈 いのち 목숨	生命(せいめい) 생명
目	음 もく 목 훈 め 눈	目的(もくてき) 목적
木	음 もく 목 훈 き 나무	木曜日(もくようび) 목요일
薬	음 やく 약 훈 くすり 약	薬品(やくひん) 약품 薬屋(くすりや) 약국

18 경어표현

1. 정중어
   です, ます ~ㅂ니다

2. 존경어
   お＋동사의 ます형＋になる
   ご＋한자어＋になる
   ~(ら)れる   ~(하)시다
   お(ご)＋명사·형용사
   존경동사

3. 겸양어
   お＋동사의 ます형＋する
   ご＋한자어＋する   ~드리다
   겸양동사

01 경어표현 3가지

もしもし、鈴木部長いらっしゃいますか。
여보세요, 스즈키 부장님, 계세요?

鈴木はいま、おりませんが…
스즈키 부장님은 지금 안계신데요…

일본어 경어표현에는 우리와 마찬가지로 **정중어, 존경어, 겸양어** 세 가지가 있습니다. 정중어는 '~ㅂ니다, ~요'로 끝나는 「～です、～ます」 표현입니다. 처음 보는 사람이나 윗사람에게 써도 무난한 표현이죠. 그리고, 존경어는 '계세요?' 처럼 상대방의 행동을 직접적으로 높이는 표현이죠. 보통 '~하시다' 라고 말합니다. 반면, 겸양어는 말하는 사람 자신을 낮추어 상대방을 간접적으로 높이는 표현입니다. '저', '뵙다', '드리다' 에 해당합니다.

그런데, 존경어와 겸양어는 어떻게 구별해 쓸까요? 우리와 크게 다르지 않습니다. 예를 들어, 「신문 보시겠어요? 新聞、ご覧になりますか」처럼 윗사람의 행동에 대해 말할 때는 존경어를 씁니다. 그리고 「회사로 찾아 뵐게요 会社の方にお伺い致します」처럼 말하는 사람의 행동이 윗사람과 관련있을 때는 겸양어를 쓰면 됩니다.

➤ **どちらにおかけですか。** 어디 거셨어요?
➤ **お客さまのおかけになった電話番号は、現在使われておりません。番号をお確かめになって、もう一度おかけなおしください。**
손님이 거신 전화번호는 현재 **사용되지 않습니다.** 번호를 확인하시고 다시 걸어 주세요.
➤ **皆様にごあいさつします。** 여러분께 인사드립니다.

그런데, 일본어는 우리와 다른 큰 특징이 하나 있습니다. 말하는 사람 자신 뿐 아니라 그 주위에 있는 사람도 외부에 말할 때는 낮추어 말한다는 거죠. 우리말은 화제의 대상이 자신보다 윗사람이면 무조건 경어를 쓰는데, 일본어는 말하는 사람을 기준으로 그 주위에 있는 사람이 윗사람이더라도 외부에 말할 때는 낮춥니다. 예를 들어, 우리말은 '부장님은 지금 안계신데요…' 라고 하지만 일본어는 「鈴木は今、おりませんが…」 하고 직책은 빼고, おりません으로 겸양어를 쓴다는 거죠. 이렇게 자신은 물론 자기 주위까지도 낮추어 말하는 일본의 예절은 '회사=가정, 상사=집안 어른, 직원=가족' 이라는 집단의식에서 비롯되었다고 보여집니다.

➤ 営業部の木村課長はいらっしゃいますか。
　　　　　　　영업부 기무라 과장님은 **계십니까?**
木村は、ただいま会議中ですので、こちらで少々お待ちください。
　　　　　　　과장님은 지금 회의중이므로, 여기서 잠깐만 기다려 주세요.
木村はただいま電話中です。
　　　　　　　과장님은 지금 통화중입니다.

꼼꼼체크 ✓　　경어표현

정중어	존경어	겸양어
~ㅂ니다/~요	~하시다	~드리다

02 존경표현

もしもし、鈴木さん<u>いらっしゃいますか</u>。
여보세요, 스즈키 씨 계세요?

はい、少々お待ちください。
しょうしょう　　ま
네, 잠깐만 기다려 주세요.

같은 한자를 반복할 때는

'잠깐만 기다려 주세요'는 「少々お待ちください」입니다. 「少々」할 때 「々」는 앞의 한자 少를 반복했다는 뜻입니다. 이렇게 같은 한자를 반복할 때는 「々」를 씁니다.

존경어는 '스즈키 씨, 계세요?' 의 '계세요?' 처럼 상대방의 행동을 직접적으로 높이는 표현입니다. 보통 '~하시다' 라고 하죠.

일본어의 존경어를 만드는 방법은 몇 가지 있습니다.

①「お+동사의 ます형+になる」를 붙이는 방법과 「ご+한자어+になる」를 붙이는 방법이 있습니다. 「お飲みになる」하면 '마시다', 「ご出発になる」하면 '출발하시다' 가 됩니다.

그리고, ②동사에 「~(ら)れる」를 붙이기도 하는데, 이 표현은 존경의 뜻 말고도 수동의 뜻도 있으니 주의하세요.

그리고, 「お話(말씀)」, 「お忙しい(바쁘심)」처럼 ③명사나 형용사 앞에 「お」 또는 「ご」를 붙여 말하기도 하며, ④「お+동사의 명사형+です・ください」를 붙여 존경표현을 만들기도 합니다. 「お持ち帰りですか(가져 가시겠습니까?)」 「お上がりください(들어 오세요)」하는 식이죠. 또, '계시다, 드시다' 처럼 일부 어휘에는 ④따로 정해진 존경어가 있습니다. 예를 들어, する의 존경어는 「なさる(하시다)」이고 食べる, 飲む의 존경어는 「召し上がる(드시다)」입니다.

✓ 특수존경동사

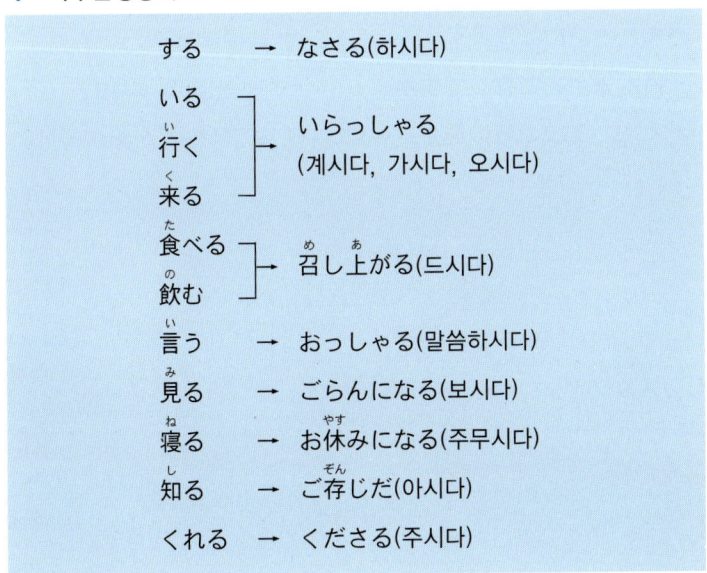

> お酒はお飲みになりますか。　　　　술은 드십니까?

　　ええ、ちょっと　　　　　　　　　네, 조금요.
> 昨日ワールドカップ(worldcup)、見られましたか。

　　　　　　　　　　　　　　　　　　어제, 월드컵 보셨어요?

> どのくらい待たれましたか。　　　　얼마나 기다리셨어요?
> お仕事は。　　　　　　　　　　　　하시는 일은?
　　日本語の教師です。　　　　　　　일본어 교사입니다.
> お忙しいですか。　　　　　　　　　바쁘세요?

　　ええ、ちょっと。　　　　　　　　네, 좀….
> お久しぶりですね。お上がりください。

　　　　　　　　　　　　　　　　　　오래간만입니다. 들어 오세요.

　　失礼します。　　　　　　　　　　실례하겠습니다.
> こちらでお召し上がりですか、それともお持ち帰りですか。

　　　여기서 드시겠습니까? 아니면 가져 가시겠습니까?

▶ どうぞ召し上がってください。　어서 드세요.
　ええ、いただきます。　네, 잘 먹겠습니다.
▶ 鈴木先生をご存じですか。　스즈키 선생님을 아세요?
　ええ、高校の時の先生でした。　네, 고등학교 때 선생님이었어요.

꼼꼼체크 ✓　존경표현 '하시다'를 만드는 4가지 방법

❶	❷	❸	❹
お+동사의 ます형+になる ご+한자어+になる	〜(ら)れる	お(ご)명사・형용사 お+동사의 명사형+です・ください	존경동사
예 お飲みになる 　ご出発になる	예 食べられる	예 お話・お忙しい 　お帰りですか 　お上がりください	예 召し上がる

232

03 겸양표현

あとでまたお電話いたします。
_{でんわ}
나중에 다시 전화드리겠습니다.

겸양어는 말하는 사람 자신을 낮추어 상대방을 간접적으로 높이는 표현입니다. 우리말은 '저', '뵙다', '드리다' 정도의 극히 일부의 표현밖에 없지만, 일본어는 대부분의 동사를 겸양어로 나타낼 수 있습니다.

겸양어를 만드는 방법은 ①「**お+동사의 ます형+する(いたす)**」를 붙이는 방법과 「**ご+한자어+する(いたす)**」를 붙이는 방법이 있습니다. 「お待ちする、お待ちいたす」 하면 '기다리다', 「お電話する、お電話いたす」 하면 '전화드리다'가 됩니다. 「お〜いたす」는 「お〜する」보다 더 겸양적인 표현입니다.

그리고, '드리다, 뵙다' 처럼 일부의 어휘에는 ②**따로 정해진 겸양어**가 있습니다. 예를 들어 行く, 来る의 겸양어는 「まいる(가다, 오다)」이고, する의 겸양어는 「いたす(드리다)」입니다.

✓ **특수겸양동사**

する	→	いたす 하다
いる	→	おる 있다
行く·来る	→	まいる 가다, 오다
食べる·飲む	→	いただく 먹다·마시다
言う	→	申す 말씀드리다, 아뢰다
見る	→	拝見する 보다
知る	→	存じる 알다
もらう	→	いただく 받다
会う	→	お目にかかる 뵙다

콕콕 핵심문법

▶ そのかばん、お持ちしましょうか。　　그 가방, 들어 드릴까요?

ありがとうございます。　　고맙습니다.

▶ えんりょなく食べてください。　　사양말고 드세요.

では、いただきます。　　그럼, 잘 먹겠습니다.

▶ 私がご案内いたします。　　제가 안내해 드리겠습니다.

どうも。　　고마워요.

▶ 何にいたしましょうか。　　뭘로 드릴까요?

ええと、コーラ(cola)ください。　　저, 콜라 주세요.

▶ 週末は何をしますか。　　주말에는 뭘 하세요?

週末はたいてい本を読んでおります。　　주말에는 대개 책을 보고 있습니다.

▶ では、ご説明いたします。　　그럼, 설명해 드리겠습니다.

꼼꼼체크 ✓　겸양표현 '드리다'를 만드는 2가지 방법

❶	❷
お+동사의 ます형+する・いたす ご+한자어+する・いたす	겸양동사
예 お飲みする, ご連絡する	예 いただく

일부 어휘에 한정된 존경동사와 겸양동사비교표

	존경동사	겸양동사
する	なさる 하시다	いたす 드리다
いる	いらっしゃる 계시다, 가시다, 오시다	おる 있다
行く		まいる 가다, 오다
来る		
食べる, 飲む	召し上がる 드시다	いただく 먹다, 마시다
言う	おっしゃる 말씀하시다	申す 아뢰다
見る	ご覧になる 보시다	拝見する 보다
寝る	お休みになる 주무시다	
知る	ご存じだ 아시다	存じる 알다
会う		お目にかかる 뵙다

콕콕 실력체크

1 존경어를 넣어 대화를 완성해 보세요.

① A 昨日どこかへ _____
　 B いいえ、どこへも行きませんでした。

② A 何を _____
　 B すき焼きをいただきます。

③ A 何時ごろお宅へ _____
　 B たいてい6時ごろ帰ります。

📎 Word
すき焼き 전골

2 겸양어를 넣어 대화를 완성해 보세요.

① A もしもし、金さんいらっしゃいますか。
　 B 金はいま席をはずして_____が。

② A どうぞ召し上がってください。
　 B はい、遠慮なく_____。

③ A かばん、_____。
　 B どうもすみません。お願いいたします。

3 잘못된 곳이 있으면 바르게 고쳐 보세요.

① どなたからお聞きにしましたか。
② どうぞみんなでいただいてください。
③ 先生にお目にかかってお礼をおしゃろうと思います。
④ A はじめまして。木村と申しあげます。
　 B 金です。お会いになってうれしいです。
⑤ A お母さんは、お出かけしましたか。
　 B ええ、母はもうお出かけになりました。

4

	존경어	겸양어
います	いらっしゃいます	おります
言います		申します
します	なさいます	
	召し上がります	
行きます		
		拝見します

덤으로 배우는 한자

| 預 | 음 よ 예
훈 あずける 맡기다　あずかる 맡다 | よきん
預金 예금 |

| 用 | 음 よう 용
훈 もちいる 쓰다 | しよう
使用 사용 |

| 来 | 음 らい 래
훈 くる 오다 | らいねん
来年 내년 |

| 立 | 음 りつ 입
훈 たつ 서다　たてる 세우다 | こくりつ
国立 국립 |

| 流 | 음 りゅう 류
훈 ながれる 흐르다　ながす 흘리다 | りゅうこう
流行 유행 |

| 留 | 음 りゅう 류
훈 とまる 머무르다 | りゅうがく
留学 유학 |

| 力 | 음 りょく 력
훈 ちから 힘 | どりょく
努力 노력 |

| 冷 | 음 れい 랭
훈 つめたい 차다　ひやす 식히다　ひえる 식다 | れいぼう
冷房 냉방 |

| 録 | 음 ろく 록 | ろくおん
録音 녹음 |

| 話 | 음 わ 화
훈 はなす 말하다 | かいわ
会話 회화 |

해답

해답

문자와 발음

1

ぼ	お	め	ま	ん	じゅ	う	ど	ぎ
や	し	か	ふ	す	き	け	ろ	じ
や	ゆ	み	お	え	ま	も	っ	ぴ	さ
む	っ	で	も	ん	ん	か	よ	み
ち	ら	し	ん	い	じ	ぴ	た	よ
た	び	ざ	せ	き	か	ぞ	く	ぽ
ろ	く	ん	と	ぶ	ぎ	ぶ	ぱ	ん
ひ	ず	あ	う	み	り	て	い	ひ	か
に	ち	え	ん	め	ど	ん	ぶ	り	か

(ちらし, まんじゅう, ふえ, いっぱい, どんぶり, ちくわ, とんぶぎ 등 동그라미)

2

ソ	ホ		グ	ル	ー	プ		コ		ゲ	パ	ム
ラ	ナ	ヤ	ス	レ	ミ	ボ		ン	ゲ	ン	テ	ー
オ	ト	セ	ン	ベ	イ	シ		ピ	ス	ス	ウ	ー
コ	ム		タ	レ	ン	ト		ゲ		ュ	タ	エ
モ		ラ	オ	パ	フ	カ		ー	ソ	ス
リ		カ	ゲ	イ	ク	ン	パ		タ	フ	ジ
メ		ー	ブ	ル	ス	ビ	ギ		ー	ト	セ
ム		メ	ド	リ	モ	コ	ン		タ	ト	ニ
ミ	ウ	チ	ョ	ー	ン	マ	ヌ		オ		

3
1) ① 2) ② 3) ① 4) ②
5) ① 6) ③

01 명사 I

1 ① つめきりでは ありません
② リモコンでは ありませんでした
③ つきだしでは ありませんでした

2 ① はい、ハンバーガです
② いいえ、ピザでは ありません
おこのみやきです
③ いいえ、ケーキでは ありません
サンドイッチです

3 ① これは あなごで、それは わさびです
② これは とんカツで、それは みそしるです
③ はなこさんは タレントで、びじんです

4 ① では ありませんでした
② でした
③ じゃないです

02 명사 II

1 ① こどもです
② ごしゅじんです
③ おとうとさんです

2 ① A それは だれの パンですか
B これは すずきさんの パンです
② A それは だれの くるまですか
B これは ぼくの くるまです
③ A それは だれの ピアノですか
B これは かのじょの ピアノです

3 ① あの スカーフは たなかさんのです
② この コンピューターは だれのですか
③ その ファックスは だれのですか

4 ① どこですか

240

② どれですか
③ どなたですか

03 조사

1 ① に, を　　② は, に, へ
   ③ に, と, を　④ から, まで, で
   ⑤ で, と　　　⑥ を, も
   ⑦ の, に, が　⑧ は, で

04 い형용사

1 • おおきく ありません／おおきかったです／おおきく ありませんでした
   • やわらかいです／やわらかかったです／やわらかく ありませんでした
   • つよく ありません／つよかったです／つよく ありませんでした
   • いそがしく ありません／いそがしかったです／いそがしく ありませんでした
   • やさしく ありません／やさしかったです／やさしく ありませんでした
   • あかるいです／あかるく ありません／あかるかったです

2 ① わたしの アパートは やちんが たかくて えきから とおいです
   ② きむらさんは せが たかくて あたまが いいです
   ③ この けいたいは ちいさくて かるいです

3 ① やすく　② たかさ　③ あまみ
4 ① むずかしいです, たのしいです, おもしろいです 등
   ② おもしろく ありません
   ③ おいしかったですか

05 な형용사

1 • かんたんでは ありません／かんたんでした／かんたんでは ありませんでした
   • たいへんです／たいへんでは ありません／たいへんでは ありませんでした
   • すてきでは ありません／すてきでした／すてきでは ありませんでした
   • ざんねんです／ざんねんでした／ざんねんでは ありませんでした
   • おなじでは ありません／おなじでした
   • へたです／へたでは ありません／へたでは ありませんでした

2 ① この かばんは じょうぶで かるいです
   ② この にくは しんせんで やすいです
   ③ この だいがくは ゆうめいで れきしが ふるいです

3 ① すてきな　② きれいに
   ③ かんたんで

해답

4 ① たいへんでは ありませんでした
② にぎやかです
③ しんせつな ひとでは ありません

06 동사 I

1
- 帰ります／帰りません／帰りました
- 歩く／歩きません／歩きました
- 来る／来ます／来ました
- します／しません／しました
- ある／あります／ありません
- 入ります／入りません／入りました

2 ① 李さんを待ちます
② ビデオは見ません
③ ワインを飲みました

3 ① 起きますか、起きます、わかりません
② 行きました、食べましたか、食べました、飲みましたか、飲みませんでした
③ 行きますか、行きません、行きます
④ します、しますか、します

07 동사 II

1
- 行く／行って／行った
- 立ちます／立って／立った
- 化粧します／化粧して／化粧した
- 困ります／困る／困って
- 愛します／愛する／愛した
- 走ります／走って／走った
- 考えます／考える／考えて

2 ① 銀座へ行って友達を呼んで買い物をしました
② コンビニへ行ってカード(card)を買って電話をします
③ 映画館を出てバスに乗って駅まで行きます

3 ① これは昨日撮った写真です
② ここは明日友達と行く温泉です
③ ここは新宿にもあるデパートです

4 ① 昨日飲んだワインはとてもおいしかったです
② インターネットを使ってレポートを出します
③ ごはんはあまり外では食べないです（ません）
④ 札幌の雪はとてもきれいでした。
⑤ 昨日友達が来た時、私はいませんでした

08 동사 III

1
① しながら　　② 分かりにくい
③ 聞いた　　　④ 会いましょう
⑤ 座りたい
⑥ 休みましょうか、行きましょうか
⑦ 行きませんか　⑧ 習いに
⑨ はやりそう　　⑩ 使い方

2 ① 送った　　② 吸わないで
③ しめなければ　④ 乗った

⑤ 飲みたくありません

9 동사 Ⅳ

1 ① 撮っては ② 読んでみて
③ 遊んでいます
④ コピーしておきました
⑤ 食べる ⑥ 話せます
⑦ する ⑧ 読んでから
⑨ なくしてしまって
⑩ 会ってほしい

2 ① かけて ② 洗う前に
③ 行かない

3 ① 行っても ② 出そう
③ 降る ④ ひく、ひいて

10 보통체

1 ① 朝ごはんを食べなかった
② 金さんは部屋にいる
③ 早く家へ帰らなければなりません
④ 今日は暇ではない
⑤ 旅行は楽しくなかった
⑥ 今は時間がありません
⑦ どんな車がほしい
⑧ あの店はきれいだった
⑨ 今晩横浜へ行かない
⑩ いいカメラだが、高い

2 ① うん、ある
② うん、返さなければならない

③ ううん、つけてはいけない

3 ① A どこで休もうか
　　B あそこに喫茶店があるね
　　A きれいな店だね
　　B あそこでコーヒーでも飲もう
② A おはよう
　　B あ、おはよう
　　A 今日お昼ごはん一緒にどう
　　B うん、大丈夫

11 숫자

1 ① じゅうにじ はんです 또는 じゅうにじ さんじ(ゅ)っぷんです
② くじ じゅうごふんです
③ よじ にじゅうごふんです
④ しちじ よんじ(ゅ)っぷんです

2 ① いちまん よんせん ろっぴゃくえんです
② さんぜんえんです
③ きゅうひゃく ごじゅうえんです
④ せん ごひゃく ななじゅうえんです

3 ① じゅうにがつ にじゅうごにちです
② ごがつ いつかです
③ にがつ じゅうよっかです

4 ① なんじ ② いくら
③ なんばん

해답

12 가능표현

1 ① 目玉焼きを作ることができます
② 長い時間ゲームをやることができます
③ 夜遅くまで仕事をすることができます

2 ① 二次会まで行けます
② うなぎは食べられません
③ 日本語で電話がかけられます

3 ① 行く　② 書ける
③ 踊れる　④ 寝られません
⑤ 会うことができます 또는 会えます

13 수수표현

1 ① に 또는 から、を
② は、に、を　③ に、を
④ に、を　　⑤ は、に

2 ① 弟に日本地図をくださいました
② あなたに何をくれましたか
③ 母に本を読んでもらいました
④ 私に本を買ってくれました
⑤ 先生に日本の歌を教えていただきました

3 ① いただいた　② もらった、やって
③ あげた　　　④ もらいました
⑤ くれました

14 수동표현

1 ① は、を　② から(に)、に
③ に　　　④ は、に

2 ① 友達に弁当を食べられました
② 卒業式は午前10時から行われます
③ 夜遅く友達に来られて寝られませんでした
④ 電車を降りる時、後ろの人に押されました

3 ① 盗まれて　② 建てられた
③ 頼まれて　④ 泣かれて

15 사역표현

1
- 来させる／来させられる
- 使わせる／使わされる
- 待たせる／待たされる
- 寝させる／寝させられる
- 起きさせる／起きさせられる
- 休ませる／休まされる

2 ① 娘に風邪薬を飲ませました
② 私に会議の資料をまとめさせました
③ うそをついてお母さんを怒らせました
④ 私たちにレポートを書かせました

3 ① 私に迎えに行かせてください
② 私に片付けさせてください
③ 私に作らせてください
④ 私にさせてください

4 ① 入らされた
② 飲まされた
③ させられた

16 연결표현

1 ① 私はスキーは下手ですが、スノーボードは上手です
② この車はデザインは悪いですが、エンジンはいいです
③ このアパートはリビングルーム(living room)は狭いですが、寝室は広いです

2 ① 聞いて　　② いいから
③ 読めなかったから

3 ① もう12時すぎなのに、まだ帰ってきません
② エアコンをつけたのに、少しも涼しくなりません
③ あの人は歌が上手なのに、あまり歌いません

4 ① が　　② で　　③ から
④ から　　⑤ のに

17 조건표현

1 ① 橋を渡ると、右にポストがあります
② 勉強しないと、成績が下がります
③ 母は怒ると、顔が赤くなります

2 ① あなたが行けば私も行きます
② 仕事が忙しくなければコンサートに行くつもりです
③ 10分だけ待てば木村さんに会えます

3 답안예시
① プール, カリビアンベイに行った
② ダイエット, ヨガをした
③ スパゲッティ, スパゲッティアに行った

4 ① 起きないと
② あげれば、あげたら
③ 来たら
④ 明るいと
⑤ 行きたいなら、行ったら
⑥ よかったら

18 경어표현

1 ① いらっしゃいましたか
② 召し上がりますか
③ お帰りになりますか

2 ① おります
② いただきます
③ お持ちしましょうか

해답

3 ① どなたからお聞きになりましたか。
② どうぞみなさんで召し上がってください。
③ 先生にお目にかかってお礼を申し上げようと思います。
④ A はじめまして。木村と申します。
　 B 金です。お目にかかれてうれしいです。
⑤ A お母さんはお出かけになりましたか。또는 お母さんは出かけられましたか。
　 B ええ、母はもう出かけました。

4 おっしゃいます
いたします
食べます・飲みます／いただきます
いらっしゃいます／まいります
見ます／ご覧になります

저자소개

김사경 성신여대 일어일문과 대학원 졸업
10년 이상 대학과 기업체에서 강의
현재 일본어 교재 개발, 활동중
저서 〈일본어문법책〉〈세컨드 스텝 일본어 해설판〉

New Edition
일본어문법책

초판발행	2001년 3월 5일
개정판 발행	2007년 10월 25일
개정판 14쇄	2024년 6월 20일
저자	김사경
책임편집	조은형, 김성은, 오은정, 무라야마토시오
펴낸이	엄태상
콘텐츠 제작	김선웅, 장형진
마케팅	이승욱, 왕성석, 노원준, 조성민, 이선민
경영기획	조성근, 최성훈, 김다미, 최수진, 오희연
물류	정종진, 윤덕현, 신승진, 구윤주
펴낸곳	시사일본어사(시사북스)
주소	서울시 종로구 자하문로 300 시사빌딩
주문 및 교재 문의	1588-1582
팩스	0502-989-9592
홈페이지	www.sisabooks.com
이메일	book_japanese@sisadream.com
등록일자	1977년 12월 24일
등록번호	제 300-2014-31호

ISBN 978-89-402-9122-1 13730

* 이 책의 내용을 사전 허가 없이 전재하거나 복제할 경우 법적인 제재를 받게 됨을 알려 드립니다.
* 잘못된 책은 구입하신 서점에서 교환해 드립니다.
* 정가는 표지에 표시되어 있습니다.